독학 쉬운 독일어
German

랭기지플러스

필자 서문

　이 책은 독일어 문법을 알기 쉽고 간결하게, 차례를 따라 설명한 독일어 입문서(入門書)입니다. 따라서 용례도 앞과(課)를 충분히 공부하면 반드시 알 수 있도록 구성하였습니다. 특히 문법만을 앞세우는 일은 피하도록 각별히 유의하였습니다.

☆　　　　　　　☆　　　　　　　☆

　외국어란, 문법만을 암기했다고 해서 마스터할 수 있는 것이 아닙니다. 그 '어감(語感)'을 익히는 가장 좋은 방법은 쉬운 문장을 몇 번이고 소리내어 읽어서, 입에서 저절로 나올 수 있을 때까지 연습하는 것입니다. 이 책의 예문은 거의 전부가 당연히 암기하여야 할 것, 암기해 두면 매우 쓸모가 많은 것을 엄격하게 선택한 것입니다. 번역된 글을 보고 뜻을 알게 되었다고 만족하지 말고, 각 예문을 언제라도 마음대로 구사할 수 있도록 머리속에 완전히 기억하기 바랍니다. 또 연습문제는 문법 사항을 확실하게 습득하는 데 도움이 되는 것을 중심으로 삼았습니다. 조금 어려운 단어도 중급편으로 넘어가기 위한 징검다리로서 사용했는데, 이 책 끝부분의 해답에는 반드시 우리말 번역을 빠짐없이 해 놓았으므로, 우리말 번역의 연습을 한다는 생각으로 공부하여 주시기 바랍니다.

☆　　　　　　　☆　　　　　　　☆

　외국어를 배운다는 것은 매우 즐거운 일입니다. 얼핏 보아 어려운 것으로 보이는 문법 규칙이 있을지도 모르지만, 그것을 전부 한꺼번에 기억해버리려고 하기 때문에 어려워집니다. 천천히 하나하나 시간을 들여서 배워 나가면 결코 어려운 것이 아닙니다. 아뭏든 서두를 필요는 없습니다. 이 책을 한페이지 한페이지 충실히 배워 나간다면 틀림없이 독일어 학습이 즐거워질 것입니다. 여러분의 끈기와 노력을 빕니다.

저　자

 차 례

| Abschnitt 1. | 발음과 읽는 법 |

Alphabet ·· 10
발음과 읽는 법 ··· 13

| Abschnitt 2. | 문법 해설 |

제1과 동사의 현재인칭 변화(Ⅰ) ································· 32
1 동사의 형태/32　　　　4 sein-haben-werden/36
2 주어가 되는 인칭대명사/33　　5 -n형 동사/37
3 동사의 현재인칭 변화(1)—규칙적변화—/34

제2과 명사의 성과 격 ··· 40
1 명사의 문법상의 성/40　　5 격의 용법/45
2 관사(단수)/41　　　　　　6 남성 약변화명사/45
3 명사의 격변화(단수)/41　　7 정관사와 부정관사의 용법/46
4 2격 어미 -s와 -es/43

제3과 문장의 형식 ·· 49
1 어순(1)—평서문—/49　　　3 의문대명사/51
2 어순(2)—의문문—/50　　　4 의문부사/52

제4과 전치사 ··· 55
1 전치사의 격지배/55　　　　3 전치사와 정관사의 결합/59
2 3·4격 지배 전치사/57　　　4 특수한 전치사/60

제5과 동사와 격과 전치사 ··· 63
1 동사의 격지배/63　　　　　3 부정사구/66
2 동사의 전치사지배/64

Inhaltsverzeichnis

제6과 동사의 현재인칭 변화(II) ·· 69
   1 규칙변화(1)/69   4 불규칙변화(2)/71
   2 규칙변화(2)/70   5 불규칙변화(3)/72
   3 불규칙변화(1)/70

제7과 명사의 복수 ··· 75
   1 명사의 복수형(1)/75   3 복수의 격변화/77
   2 명사의 복수형(2)/76

제8과 관사류 ··· 79
   1 정관사류/79   2 부정관사류/81

제9과 형용사 ··· 85
   1 형용사의 격변화(1)/85   3 형용사의 명사적 용법/89
   2 형용사의 격변화(2)/87

제10과 인칭대명사 ··· 92
   1 3격과 4격의 인칭대명사(1)   4 daran, davor 등/95
      ―단 수―/92   5 woran, wovor 등/96
   2 3격과 4격의 인칭대명사(2)   6 재귀대명사/97
      ―복수 및 존칭―/93   7 재귀동사/98
   3 3인칭 인칭대명사의 용법/94   8 상호대명사/99

제11과 복합동사 ·· 102
   1 분리동사/102   3 분리·비분리동사/107
   2 비분리동사/105

제12과 과거시제 ·· 109
   1 과거형 만드는 법(1)/109   4 과거형 만드는 법(4)/111
   2 과거형 만드는 법(2)/109   5 복합동사의 과거형/112
   3 과거형 만드는 법(3)/110   6 과거시제의 인칭변화/112

제13과 과거분사 ··· 116
　①과거분사 만드는 법(1)/116　④외래어의 과거분사/118
　②과거분사 만드는 법(2)/117　⑤복합동사의 과거분사/119
　③과거분사 만드는 법(3)/117

제14과 sein·haben·werden 의 기본형 ······················ 122
　①sein 의 3기본형과 과거인칭변화/122
　②haben 의 3기본형과 과거인칭변화/123
　③werden 의 3기본형과 과거인칭변화/123

제15과 복합 시제 ··· 125
　①현재완료형(1)/125　⑤과거완료형(2)/129
　②현재완료형(2)/126　⑥미래형/130
　③두가지 완료형을 갖는 동사/128　⑦미래완료형/131
　④과거완료형(1)/129　⑧시제의 용법/132

제16과 화법조동사 ·· 136
　①화법조동사(1)　③möchte[n]/141
　　―인칭변화―/136　④화법조동사의 독립용법/142
　②화법조동사(2)　⑤lassen/143
　　―용법―/139　⑥지각동사/144

제17과 수동태 ··· 147
　①수동태를 만드는 법(1)―타동사―/147
　②수동태를 만드는 법(2)―자동사―/149
　③수동태의 과거형/150
　④수동태의 완료시제/151　⑤상태수동/153

제18과 접속사(복문) ·· 155
　①병렬접속사/155　③접속부사/160
　②종속접속사/157

Inhaltsverzeichnis

제19과 zu 부정사 ································· 163
  1 zu부정사(구)/163   3 특수한 zu 부정사구/165
  2 zu부정사(구)의 용법/164

제20과 관계문 ································· 167
  1 정관계대명사/167   3 관계부사/170
  2 부정관계대명사/169   4 관계대명사와 전치사의 결합/171

제21과 비 교 ································· 174
  1 비교급과 최상급 만드는 법/174   2 비교의 표현/176

제22과 명령법 ································· 181
  1 명령법/181   2 존칭에 대한 명령/183

제23과 접속법 ································· 185
  1 접속법/185   4 접속법의 용법(1)
  2 접속법 만드는 법(1)   — 간접화법—/189
     —제 1 식—/186   5 접속법의 용법(2)
  3 접속법 만드는 법(2)   —비현실화법 등—/190
     —제 2 식—/187   6 접속법의 시제/193

Abschnitt 3. 부 록

보충 ································· 200
  1 관사류의 명사적 용법/200   3 분사의 용법/203
  2 비인칭동사/202   4 수사/205

연습문제 해답 ································· 208
불규칙 동사 변화표 ································· 234

Abschnitt 1

발음과 읽는 법

Alphabet

인쇄체	필기체	명 칭	인쇄체	필기체	명 칭
A a	$\mathcal{A}\ a$	[a:] 아-	Q q	$\mathcal{Q}\ q$	[ku:] 쿠-
B b	$\mathcal{B}\ b$	[be:] 베-	R r	$\mathcal{R}\ r$	[ɛr] 에르
C c	$\mathcal{C}\ c$	[tse:] 체-	S s	$\mathcal{S}\ s$	[ɛs] 에스
D d	$\mathcal{D}\ d$	[de:] 데-	T t	$\mathcal{T}\ t$	[te:] 테-
E e	$\mathcal{E}\ e$	[e:] 에-	U u	$\mathcal{U}\ u$	[u:] 우-
F f	$\mathcal{F}\ f$	[ɛf] 에프	V v	$\mathcal{V}\ v$	[fau] 파우
G g	$\mathcal{G}\ g$	[ge:] 게-	W w	$\mathcal{W}\ w$	[ve:] 베-
H h	$\mathcal{H}\ h$	[ha:] 하-	X x	$\mathcal{X}\ x$	[iks] 익스
I i	$\mathcal{I}\ i$	[i:] 이-	Y y	$\mathcal{Y}\ y$	['ypsilɔn] 윕실론
J j	$\mathcal{J}\ j$	[jɔt] 요트	Z z	$\mathcal{Z}\ z$	[tsɛt] 체트
K k	$\mathcal{K}\ k$	[ka:] 카-			
L l	$\mathcal{L}\ l$	[ɛl] 엘	Ä ä	$\mathcal{\ddot{A}}\ \ddot{a}$	[ɛ:] 에-
M m	$\mathcal{M}\ m$	[ɛm] 엠	Ö ö	$\mathcal{\ddot{O}}\ \ddot{o}$	[ø:] 외-
N n	$\mathcal{N}\ n$	[ɛn] 엔	Ü ü	$\mathcal{\ddot{U}}\ \ddot{u}$	[y:] 위-
O o	$\mathcal{O}\ o$	[o:] 오-			
P p	$\mathcal{P}\ p$	[pe:] 페-	ß	β	[ɛs'tsɛt] 에스체트

◆ 독일어의 알파베트는, 오른편 아래의 네 개 이외는 영어와 같지만, 명칭은 다른 것이 많습니다. 국문표기를 보면서 소리를 내어 읽어봅시다. 악센트는 고딕체로 나타냈으니, 그곳을 강하게 발음해 주세요.

◆ 각각의 문자를 읽는 법에는 기본적인 음이 포함되어 있습니다. 예를 들면 **J**는 [**요**트]이며, [제이]가 아닙니다. 이것은 Japan '일본'(영어 : Japan)을 [**야**-판]이라고 발음하는 것에서도 알 수 있습니다.

◆ 국문표시로 되어 있는 읽는 법에, 장음을 나타내려고 - 표시가 쓰여 있습니다. 장음표시가 있으면, 예를 들어 **A**는 단지 [아]로 짧게 발음하지 말고, 입을 벌린 채 [아-] 하고 길게 발음하십시오.

◆ **E**는 [에-], **I**는 [이-]입니다. 영어와 혼동하지 않아야 합니다. E는 입모양을 이의 모양에 가깝게 하여, 입을 옆으로 강하게 당겨 [에-]하고 발음합니다. **B, C, D, G, P, T, W**도, 이 [이에 가까운 에의 음]으로 그냥 길게 발음합니다.

◆ **O** [오-]도, 입 모양을 둥글게 하여, 입 안쪽에서 나오는 깊이가 있는 [오-]입니다. **U** [우-]도, 휘파람을 불 때처럼 입술을 쭉 내밀고 발음합니다.

◆ **V**와 **W**는, 둘 다 윗니로 아래 입술을 누르는 듯한 기분으로 발음합니다. **V**는 [파우], **W**는 [베-] 입니다.

◆ **R**는 목젖을 진동시켜서 발음합니다. 자세한 것은 22면을 참조해 주세요.

◆ ß [에스체트]는 '과연 독일어구나'싶은 모습을 한 문자입니다. 이것은 독일어 특유의 문자로, 명칭은 독일어 문자의 S와 Z를 합친 것에서 유래하고 있습니다. ß는 낱말 선두에 올 수가 없는, 좀 가엾은 문자이며, 소문자 밖에 없습니다.

◆ Ä · Ö · Ü 의 위의 ¨은 변음부라고 합니다. 각각의 문자는 「변모음(Umlaut [움라우트])의 …」이라는 뜻으로, [아 - 움라우트] [오 - 움라우트] [우 - 움라우트]라고 합니다. Ä는 우리말의 [에 -], Ö는 입 모습이 O의 상태에서 [외 -], Ü는 입 모습이 U의 상태에서 혀를 이에 대고 [이 -]라고 발음할 때의 [위 -]에 각각 가깝습니다(Y〔윕실론〕의 [위]도 같은 상태에서 나오는 음입니다). 자세한 것은 17면 이하를 참조해 주세요.

◆ 필기체는 독일어 특유의 것과 개인차도 있습니다. 그렇지만, 여러분이 지금까지 익혀온 대로 써도 괜찮습니다. ß는 왼쪽 아래부터 단숨에 쓰는 것입니다.

groß   *Fluß*

발음과 읽는 법

Key Point 이 장에서는 발음(읽는 법)을 표시하는데, 만국음표 문자와 국문을 쓰며, 제1과 이후로는 국문만을 씁니다.

독일어의 낱말은 알파벳, 즉 표음문자를 써서 규칙적으로 만들어져 있으며, 몇 가지의 특색을 익혀 두면 국문으로 충분히 독일인에게 통하는 독일어를 발음할 수 있습니다.

로마문자를 읽는 요령으로 독일어를 읽을 때는 「로마문자를 읽듯이」라는 점이 대원칙입니다. 영어 발음에서는 a를 [에이](⇐name)라든가 [오─](⇐fall) 등 변칙적으로 읽을 때도 있지만, 독일어는 그렇게 읽는 법이 없습니다. 악센트가 있는 곳은 고딕체의 국문으로 표시하였습니다(그러니 그곳을 강하게 읽어 주세요).

danken [ˊdaŋkən] 감사하다   finden [ˊfinden] 발견하다
당켄   **핀**덴
unten [ˊuntən] 아래에   golden [ˊgɔldən] 금의
운텐   **골**덴

모 음

Key Point 독일어 모음을 발음하는 요령은, 입을 크게 벌릴 때는 가능한 한 크게, 입을 앞으로 내밀 때는 가능한 한 많이 내민다는 점입니다.

악센트는 제1 음절에 앞 면의 낱말을 읽으면, 최초의 모음을 강하게 읽게 되어 있는 것을 알아차렸을 것입니다. 사전에 그러한 낱말만을 여기에 모아 놓은 것이 아니라, 독일어의 악센트는 원래 제1음절에 있는 것이 원칙인 것입니다. 위에서 열거한 예는, 동사·형용사·부사였기 때문에, 이번에는 명사의 보기를 들어보겠습니다. 명사는 언제나 첫 자를(비록 문장 안에 있더라도) 대문자로 쓴다는 약속이 독일어에는 있습니다.

Arm [arm] 팔
아름

Lift [lɪft] 엘리베이터
리프트

Kosten [ˈkɔstən] 비용
코스텐

Punkt [puŋkt] 점
풍크트

모음의 장단 위에서 든 보기의 모음은 전부 짧은 것이었으나, 모음을 길게 끄는 경우도 있습니다. 모음을 짧게 읽느냐, 길게 끄느냐 하는 것에도 규칙이 있습니다. 우선 구체적인 보기를 봅시다.

Name [ˈnaːmə] 이름   Gast [gast] 손님
나-메   가스트
gut [guːt] 좋은   dunkel [ˈdʊŋkəl] 어두운
구-트   둥켈
leben [ˈleːbən] 살다   elf [ɛlf] 11(수)
레-벤   엘프
rot [roːt] 붉은   oft [ɔft] 빈번히
로-트   오프트

    좌측의 낱말들에서 악센트가 있는 모음은 길고, 우측에서는 짧게 발음되고 있습니다. 양자의 차이점을 알겠습니까? 문제는 모음 다음에 있습니다.

    좌측의 낱말들을 보아 주세요. 모음 다음에 자음자가 한 개 (gu*t*, ro*t*), 또는 모음 다음에 자음자 하나, 그리고 또 모음이 이어져 있습니다(Na*m*e, le*b*en). 다음에 우측의 낱말을 보아 주세요. 모두 모음 다음에 자음자가 두 개 이어져 있습니다.

    이 차이점이 악센트가 있는 모음을 길게 발음하는 것인지, 또는 짧게 발음하는 것인지의 단서가 됩니다. 이것은 다음과 같이 규칙화할 수 있습니다.

모음 + 2 자음자 이상 ⇒ 단모음
모음 + 1 자음자   ⇒ 장모음

    이 규칙 이외에 모음을 길게 끄는 경우는, 다음 두 가지에 한정되어 있습니다.

| 모음+h | 독일어에서는,「쓰여 있는 글자를 전부 읽는다」라는 것이 원칙이지만, 예외가 있습니다. 그것은 모음 뒤의 **h**입니다. 이 **h**는「앞의 모음을 길게 읽는다」라는 것을 나타내는 기호로, 결코 읽히는 일이 없습니다.

gehen [gé:ən] 가다 nehmen [ˊne:mən] 취하다
게-엔   네-멘
Lohn [lo:n] 임금   Bahn [ba:n] 궤도, 철도
로-ㄴ   바-ㄴ

| aa, ee, oo | 같은 모음이 aa, ee, oo처럼 연속해 있는 경우에는 반드시 그 모음을 길게 끌어야 합니다. 발음은 [아아], [에에], [오오]로 하나
| 아ㅡ, 에ㅡ, 오ㅡ |

씩 읽는 게 아니고, [아ㅡ], [에ㅡ], [오ㅡ]처럼 읽습니다.

Haar [ha:r] 머리털   Boot [bo:t] 배(영 : boat)
하-르   보-트
Tee [te:] 차(영 : tea)
테-

다음에는 **변모음**이라는 독일어 특유의 모음으로 옮겨가 봅시다. 이 변모음에는 ä[아 ㅡ 움라우트], ö[오 ㅡ 움라우트], ü[우 ㅡ 움라우트]의 세 종류가 있습니다.

**ä[ɛ, ɛː]
에, 에-** ä[아 - 움라우트]는 우리말의 [에], [에-]와 거의 같은 음으로, 입을 자연스럽게 열고 [에], [에-]하고 발음하면 됩니다.

Kälte [´kɛltə] 추위
켈테

Träne [´trɛːnə] 눈물
트레-네

Lärm [lɛrm] 시끄러움
레름

**ö[œ, øː]
외, 외-** ö[오 - 움라우트]는 입을 둥글게 하여, 그 상태를 유지하면서 [외-]라고 발음하면 나오는 음입니다. 좀 어렵게 느낄지도 모르지만, [오]와 [에]를 합쳐서 둘로 나눈 것 같은 음이 나오면 됩니다. 거울을 보면서, 입 모양을 바꾸지 않고 o[오-] -ö[외] -o[오-] -ö[외-]하고 여러 번 연습해 보십시다.

Löffel [´lœfəl] 스푼
뢰-펠

Öl [øːl] 기름
외-ㄹ

öffnen [´œfnən] 열다
외프넨

hören [´høːrən] 듣다
회-렌

**ü[y, yː]
위, 위-** ü[우 움라우트]는 입술을 둥글게 하여 내밀고, 휘파람을 불 때 같은 입 모습을 하고, [이-] 하고 발음하면 나는 음입니다. 우리말의 [위-]에 가까운 음입니다. 거울을 보면서, 입 모습을 같은 상태로 유지하면서, u[우-] -ü[위-] -u[우-] -ü[위-] 하고 여러 번 연습해 봅시다.

Hütte [ˈhytə] 오두막
휘테
fünf [fynf] 5
퓐프
über [ˈyːbər] (영 : over) 위에
위-버

Hügel [ˈhyːɡəl] 언덕
휘-겔
grün [ɡryːn] 녹색
그뤼-ㄴ

　변모음을 발음할 수 있게 되었습니까? ö, ü를 바르게 발음할 수 있으면, 어딘지 모르게 독일어의 분위기가 나게 마련입니다. ö나 ü는 각각 우리말로 [외-] 또는 [위-] 등으로 표기합니다만, 입술을 둥글게 하여 발음하는 [외-]나 [위-]라는 뜻에서, 「둥근 입술의 [외-]」, 「둥근 입술의 [위-]」라고 익혀두면 좋겠습니다.

　그러면 마지막으로, 독일어에서 자주 등장하는 **복모음**을 읽는 법을 익혀 봅시다.

> **au는 [aʊ]**
> 아오

au는 [아우]보다는, 오히려 [아오]라는 기분으로 발음하는 편이 옳은 발음에 가깝게 됩니다.

Frau [fraʊ] 여성
프라오

Baum [baʊm] 나무
바옴

> **ei는 [aɪ]**
> 아이

ei는 로마자와 같은 읽기로 읽으면 [에이]가 됩니다만, 독일어에서는 [아이]로 읽습니다. 다음부터, 로마자와 같은 읽기를 하면 웃음거리가 될 가능성

이 있는 복모음이 셋 정도 더 나오게 되니, 주의해 주세요. **ai**
는 그대로 [아이]로 읽습니다.

Heimat [ˈhaɪmaːt] 고향
하이마-트
Geige [ˈɡaɪɡə] 바이올린
가이게

Beifall [ˈbaɪfal] 박수
바이팔
Mai [maɪ] 5월
마이

ie는 [iː]
이-

ie는 [이-]로 읽습니다. [이에]로 읽지 않도록 조심해 주세요. 이것은 ei처럼 자주 등장하는 결합체이지만, ie와 ei를 혼동하지 않도록 하십시다. 입을 상당히 옆으로 끌고 [이-] 하고 발음합시다.

Liebe [ˈliːbə] 사랑
리-베
Brief [briːf] 편지
브리-프

Knie [kniː] 무릎
크니-
tief [tiːf] 깊은
티-프

eu는 [ɔy]
오이

eu는 [오이]라고 읽습니다. [에우]로 읽지 않도록 조심해 주세요.

Leute [ˈlɔytə] 사람들
로이테
neu [nɔy] 새로운
노이

Freude [ˈfrɔydə] 기쁨
프로이데
heute [ˈhɔytə] 오늘
호이테

| **äu는 [ɔY]** |
| 오이 |

이것은 변모음 ä와 u가 결합된 것이지만, 발음은 eu와 같은 [오이]입니다. 이것은 익혀두지 않으면 읽기가 어렵습니다. 독일어를 공부하는 것이니까 잘 익혀둡시다.

Fräulein[′flɔYlaɪn] 아가씨
프로이라인

träumen[′trɔYmən] 꿈꾸다
트로이멘

자 음

Key Point

독일어의 자음도, 발음하는 요령은 힘세게 발음하는 것입니다. 대개의 로마자처럼 읽으면 되므로, 설명은 독일어 특유의 것을 중심으로 해나가겠습니다.

a, o, u, au 다음의 ch
ach[ax]   och[ɔx]
  아하   오호
uch[ʊx]   auch[aʊx]
  우후   아오호

모음 a, o, u, au 다음에 오는 ch는, 목의 안쪽에서 힘세게 토해 내는 숨의 소리입니다. 이것은 겨울의 추운 아침이나, 손이 시릴 때, 손에 숨을 내뿜는 「핫」하는 소리에 가까운 것입니다. 이 음을, 앞에 있는 모음 a, o, u, au를 발음한 다음의 입 모양으로 발음하게 되면, ach[아하], och[오호], uch[우후], auch[아오호]로 들리게 됩니다.

Nacht [naxt] 밤
나하트

noch [nɔx] 아직
노호

Buch [buːx] 책 　　auch [aʊx] …도 또한
부-후 　　　　　　　아오호

ch 다음에 모음이 와도 발음의 요령은 같습니다.

lachen [ˈlaxən] 웃다 　　kochen [ˈkɔxən] 요리하다
라헨 　　　　　　　　　　코헨
Kuchen [ˈkuːxən] 케이크 　tauchen [ˈtaʊxən] 잠수하다
쿠-헨 　　　　　　　　　　타오헨

| **a, o, u, au 이외의 모음 다음의 ch는 [ç] 히** | [히]로 발음하는 ch는 다음의 것들입니다. a, o, u, au 이외의 모음 다음의 ch, 모든 자음 다음의 ch, 그리고 낱말 선두의 ch입니다. 이런 것들은 모두 다 [히]로 발음합니다. |

Licht [lɪçt] 빛 　　echt [ɛçt] 진짜의
리히트 　　　　　　　에히트
Lerche [ˈlɛrçə] 종달새 　China [ˈçiːna] 중국
렐헤 　　　　　　　　　　히-나

위에서 말한 ch의 읽기에 주의하여, 다음 낱말을 읽어봅시다.

Frucht [frʊxt] 과일 　　Furcht [fʊrçt] 두려움
프루후트 　　　　　　　　푸르히트

어째서 한쪽이 [후]이며 다른 쪽이 [히]인지, 알 수 있겠지요. 한 가지 더 잊어서는 안 될 것이 있습니다. 이 ch는 무성음이기 때문에, 소리를 내서 발음하면 안 된다는 것입니다. 성대를 진동시켜서는 안 됩니다.

r[r] ㄹ   독일어 r는 혀 끝을 [르르르]하고 울리는 우리말의 울림소리 [ㄹ]과 같은 것이지만, 일반적으로는 「목젖의 r」로 때워 버립니다. 「목젖의 r」는 양치질할 때, 물을 목구멍에서 굴리는 기분으로 하면 나오는 목소리가 잠긴 소리입니다. 또는 몸을 편히 하고, 어깨에서 힘을 빼면서, 목 안쪽에서 숨을 가볍게 [핫] 하고 낼 때 들리는 일종의 진동음입니다. 즉 목젖을 숨의 힘으로 진동시킨 음입니다.

Gras [grɑːs] 풀
그라-스

Haar [haːr] 머리털
하-르

Ort [ɔrt] 장소
오르트

Arbeit [ˈarbaɪt] 일
아르바이트

r의 모음화   악센트가 있는 단모음과 장모음 [아-] 다음에서는, 「목젖의 r」를 또렷하게 [ㄹ]로 발음하지만, **기타의 장모음 다음의 r와 어미의 -er에서는 [어]에 가깝게 발음합니다.**

Meer [meːr] 바다
메-어

Bruder [ˈbruːdər] 형(제)
부루더

Tür [tyːr] 문
튀-어

Tochter [ˈtɔxtər] 딸
토호터

낱말 끝의 b[p], d[t], g[k]
           ㅍ   ㅌ   ㅋ

b, d, g는 낱말 끝(또는 음절 끝이나, 낱말 끝의 자음군)에 오면, p, t, k와 같은 발음인 [ㅍ], [ㅌ], [ㅋ]가 됩니다. 즉 탁음이 아니라 **청음**이 됩니다.

halb [halp] 반의
할프
Freund [frɔynt] 친구
프로인트
Berg [bɛrk] 산
베르크

Herbst [hɛrpst] 가을
헤르프스트
freundlich ['frɔyntlıç] 친절한
프로인트리히
Tag [ta:k] 일, 낮
타―크

> 낱말 끝의 **-ig**는 [ıç]
> 이히

g는 낱말 끝에서는 [ㅋ]로 발음되는 것이지만, -ig만은 특별히 -ich처럼 [이히]로 발음됩니다.

König ['kø:nıç] 왕
쾨―니히
Honig ['ho:nıç] 꿀
호―니히

ruhig ['ru:ıç] 고요한
루―이히

> **j[j]**
> 유

독일어의 j는 [쟈] [쥬] [죠]가 아니라, 영어의 Y로 표현되는 음으로, [야] [유] [요]가 됩니다.

ja [ja:] 예(영: yes)
야―
jung [jʊŋ] 젊은
융

Japan ['ja:pan] 일본
야―판

[주] 낱말 끝의 -ng은 [ㅇ]으로 발음합니다. [응크]가 아닙니다. 글자는 둘(ng)이지만, 음으로서는 하나의 음 (ŋ)입니다.

pf[pf]
프

pf는 [p]와 [f]를 동시에 발음할 때 나오는 음입니다. 우선 입을 다문 상태에서 아랫입술을 윗니로 꼭 누르고 [피]을 발음하는 태세를 갖추고, 그대로 기세좋게 [풋] 하고 숨을 파열시켜서 발음합니다. 침이 튈 정도로 기세좋게 파열시켜 주세요. ㅂ과 ㅍ의 두 자음을 동시에 발음한다는 기분으로 해 보십시오.

Apfel [´apfəl] 사과
아ㅂ펠
Pflicht [pflıçt] 의무
ㅂ플리히트

Kopf [kɔpf] 머리
코ㅂ프

qu[kv]
크브

q는 qu로 짝을 이루어서만 나옵니다. 발음은 [크우]가 아니라, [크브]입니다. [ㅂ]은 영어의 V처럼 윗니로 아랫입술을 꼭 누릅니다.

Qual [kva:l] 고뇌
크바-ㄹ
quer [kve:r] 비스듬한
크베-어

Quelle [´kvɛlə] 샘
크벨래

모음 앞에서의 **s**는 [z]
ㅈ

모음 앞의 s는 반드시 [z]로 탁음입니다. 예를 들면, 나의 이름을 Sun-sang이라고 쓴다면, 독일어로는 [준장]으로 읽게 됩니다.

singen [ˈzɪŋən] 노래하다
징엔
Seil [zaɪl] 로프, 밧줄
자일

Sonne [ˈzɔnə] 태양
조네
Reise [ˈraɪzə] 여행
라이제

> **ss, ß 는 언제나 [s]
> ㅅ**

ß 의 명칭은 알파베트에서 [에스체트]로 익혔지요. 발음은 ss와 같이 언제나 청음의 [ㅅ]입니다. 타이프라이터 등에서 ß 가 없을 때는, ss로 대용합니다. ss와 ß 의 용법을 구별해 보면 다음과 같이 규칙화할 수가 있습니다.

ss──── 앞 뒤에 모음이 있고, 앞의 모음이 짧을 때 쓴다.
　　　즉 〈단모음＋ss＋모음〉
ß ──── 위에서 말한 것 이외의 경우

다음 보기를 발음하면서, 이 규칙을 확인해 봅시다.

Fluß [flʊs] 강
플루스
Fuß [fuːs] 발
푸-스
passen [ˈpasən] 꼭 맞다
파센

Flüsse [ˈflysə] Fluß의 복수
플뤼세
Füße [ˈfyːsə] Fuß의 복수
퓌-세
paßt [past] passen의 변화형
파스트

| **sch**[ʃ] | 영어의 sh에 해당됩니다. 우리말에서보다도 더 입을 둥글게 하고, 기세좋고 시원시원하게 [슈]하고 발음해 주세요. |
| 슈 | |

schon [ʃoːn] 이미
쇼-ㄴ
Mensch [mɛnʃ] 인간
멘슈

schnell [ʃnɛl] 빨리
슈넬
Schloß [ʃlɔs] 성
슐로스

| 낱말 선두의 **sp-, st-**는 [ʃp], [ʃt] | sp-, st-가 낱말 선두에 오면, s는 [스]가 아니라, sch-와 같이 [슈]가 됩니다. |
| 슈프 슈트 | |

sprechen [´ʃprɛçən] 말하다
슈프레헨
stehen [´ʃteːən] 서 있다
슈테-엔

Sprache [´ʃpraːxə] 언어
슈프라-헤
Stein [ʃtaɪn] 돌
슈타인

| **tsch**[tʃ] | sch 앞에 t를 덧붙인 것으로서, [치] 입니다. 꼭 익혀 주셔야 하겠습니다. 그 이유는 이렇게 쓰이기 때문입니다. |
| 치 | |

Deutsch [dɔytʃ] 독일어
도이치
Deutschland [´dɔytʃlant] 독일
도이칠란트

v[f]
ㅍ

글자 이름은 [파우]였죠. 음도 철자 사이에서 탁음이 되지 않고, f와 같이 [ㅍ]입니다.

Vater ['faːtər] 아버지
파-터
viel [fiːl] 많은
피-ㄹ

Vogel ['foːgəl] 새
포-겔
brav [braːf] 얌전한
브라-프

w[v]
ㅂ

명칭이 [베-]였습니다. 발음도 영어의 v에 해당되는 [ㅂ]입니다.

Wein [vaɪn] 와인
바인
Wind [vɪnt] 바람
빈트

was [vas] 무엇?
바스
wo? [voː] 어디?
보-

chs
x } [ks]

chs는 [하스]도 아니고 [히스]도 아닙니다. [크스]입니다. 다음에 모음이 와도 [그즈]로 탁음이 되지 않습니다. x도 똑같이 [크스]로 발음합니다.

Ochse ['ɔksə] 황소
옥세
Taxi ['taksi] 택시
탁시

sechs [zɛks] 6
젝스

z[ts]
ㅊ

z의 명칭은 [체트]로 말하였지요. 음도 [ㅈ]가 아니라 [ㅊ]입니다. 영어와 혼동하지 말아야 하겠습니다.

Zweck [tsvɛk] 목적
츠베크
tanzen [´tantsən] 춤추다
탄첸

Zug [tsu:k] 열차
추-크
Skizze [´skɪtsə] 스케치
스키체

tz[ts]
ㅊ

tz도 역시 [ㅊ]로 읽습니다. tz앞의 모음은 반드시 짧은 모음입니다.

Katze [katsə] 고양이
카체

Blitz [blɪts] 번개
블리츠

ts⎱ [ts]
ds⎰ ㅊ

ts를 [ㅊ]로 읽는 것은 발음기호와 같으니까 쉬운 일이지요. 그런데 ds도 [ㅊ]로 읽습니다. 그러나 낱말 끝의 d는 [ㅌ](=t)가 된다는 것을 생각하면, ds가 [ㅊ]로 발음된다는 것을 납득할 수 있을 것입니다. 결국 여기서 말한 네 가지, 즉 z, tz, ts, ds는 [ㅊ]가 됩니다.

nachts [naxts] 밤에
나하츠

abends [´a:bənts] 저녁에
아-벤츠

dt, tt[t]
ㅌ

dt는 tt와 같은 발음이 됩니다. 위에서 본 바와 같이 ds=ts이니까, dt=tt로 되는 것도 이해할 수 있을 것입니다.

Stadt [ʃtat] 도시
슈타트

Bett [bɛt] 침대
베트

dt, tt[t]
ㅌ

dt는 tt와 같은 발음이 됩니다. 위에서 본 바와 같이 ds=ts이니까, dt=tt로 되는 것도 이해할 수 있을 것입니다.

Stadt [ʃtat] 도시
슈타트

Bett [bɛt] 침대
베트

Abschnitt 2
문법해설

제1과

동사의 현재인칭변화 (I)

1 동사의 형태

lern**en**	배우다
sing**en**	노래하다
trink**en**	마시다
schwimm**en**	헤엄치다

 독일어의 동사는 보통 위에서 보듯이 낱말 끝이 -en으로 끝납니다(진한 부분).

◆ 이 고딕체 부분을 어미, 그 이외의 부분을 어간이라 합니다.

◆ 이와 같은 「어간+-en」의 형태는 사전의 표제어나 동사를 일반적으로 표시할 때 쓰이는 것으로, **부정사** (또는 부정형)이라 합니다.

　　　　　　　　부정사　lernen
　　　　　　　　│lern│ + │-en│
　　　　　　　　　어간　　어미

2 주어가 되는 인칭대명사

	단 수		복 수	
1인칭	ich	내가 나는	wir	우리들이 우리가
2인칭	du	네가	ihr	너희들이
3인칭	er sie es	그가 그녀가 그것이	sie	그들이 그녀들이 그것들이

Key Point 주어가 되는 인칭대명사에는 **인칭**과 **수**와 문법상의 **성**에 따라 도표에서 보는 여러 형태가 있습니다.

◆ 인칭에는 **1인칭·2인칭·3인칭**의 세 종류가 있습니다.

◆ 수에는 **단수**와 **복수**의 두 종류가 있습니다.

◆ 3인칭 단수에는 문법상의 성(40면 참조)에 따라 **남성·여성·중성**의 구별이 있습니다.

[주의] 1인칭 단수의 ich는 (영어의 I와는 달리) 문장 중에서는 반드시 소문자로 시작됩니다. 대문자로 Ich가 되는 것은 문장 선두일 때뿐이라는 점에 주의해 주십시오.

| 2인칭 존칭 | Sie 당신이, 당신들이 |

Key Point 2인칭은 위에서 언급한 du와 ihr 이외에 언제나 대문자로 쓰기 시작하는 Sie의 형이 있습니다. 이것은 단수·복수가 같은 형으로 「존칭 또는 경칭」이라 합니다.

◆ Sie를 존칭이라 하는 것에 대해 du/ihr는 **친칭**이라 합니다.

◆ 친칭(du/ihr)과 존칭(Sie)은 말하고 있는 상대가 어떠한 사람인가에 따라 구분해 씁니다.

친칭 : 육친, 부부, 친구 등 친한 사이의 사람이나 아이에 대해서
존칭 : 보통 관계의 사람에 대해서
---

3 동사의 현재 인칭변화(1)
— 규칙적 변화 —

ich	—— e	wir	—— en
du	—— st	ihr	—— t
er(sie, es)	—— t	sie	—— en

Key Point 동사는 주어의 종류에 따라 위의 표처럼 어간에 어미를 붙입니다. 예를 들면 trink--en은 다음과 같습니다.

단수	1인칭	ich trink-e	나는 마신다
	2인칭	du trink-st	너는 마신다
	3인칭	er* trink-t	그는 마신다
복수	1인칭	wir trink-en	우리는 마신다
	2인칭	ihr trink-t	너희들은 마신다
	3인칭	sie trink-en	그들은 마신다

【참고】 이제부터 3인칭 단수는 er로 대표해서 쓰기로 합니다 (sie나 es도 같은 인칭변화를 합니다).

◆ 이와 같이 주어의 종류에 따라 동사의 형이 바뀌는 것을 동사의 **인칭변화**라 합니다.

◆ 또 앞면의 도표에 있는 어미를 **인칭어미**, 이러한 인칭어미가 붙은 동사의 형을 **정동사**(또는 정형(定形))라 합니다.

◆ 2인칭 존칭 Sie의 동사의 형은 언제나 3인칭 복수 sie의 경우와 동일합니다(인칭어미-en).

2인칭 존칭 : Sie trink-en	당신(들)은 마십니다

◆ 또 하나의 구체적인 보기를 들겠습니다.

ich komme	나는 온다	wir kommen	우리들은 온다
du kommst	너는 온다	ihr kommt	너희들이 온다
er kommt	그는 온다	sie kommen	그들(그녀들)이 온다
		Sie kommen	당신(들)이 온다

【주의】 동사의 인칭변화를 외우기 위해서는 ich komme, du kommst, er kommt …처럼 소리를 내어 되풀이하여 읽는 게 중요합니다.

4 sein · haben · werden

sein	…이다
haben	…을 가지고 있다
werden	…이 되다

Key Point 이 동사들은 중요한 기본 동사이며, 다음과 같이 불규칙변화를 합니다.

◆ **sein**의 인칭변화

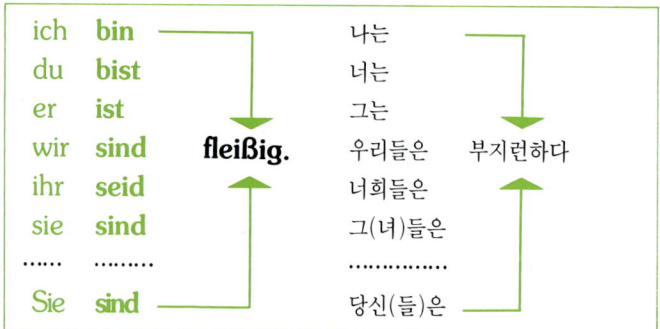

ich	bin		나는	
du	bist		너는	
er	ist		그는	
wir	sind	**fleißig.**	우리들은	부지런하다
ihr	seid		너희들은	
sie	sind		그(녀)들은	
……	………		……………	
Sie	sind		당신(들)은	

◆ **haben**의 인칭변화

ich	**hab—e**	Zeit	나는 시간이 있다
du	**hast**	Geld	너는 돈이 있다
er	**hat**	Angst	그는 걱정하고 있다

wir	hab—en	Hunger	우리들은 배고프다
ihr	hab—t	Mut	너희들은 용기가 있다
sie	hab—en	Durst	그(녀)들은 목이 마르다

◆ werden의 인칭변화

ich	werd—e	krank	나는 병에 걸린다
du	wirst	gesund	너는 건강해진다
er	wird	müde	그는 피곤해진다
wir	werd—en	alt	우리들은 늙게 된다
ihr	werd—et	reich	너희들은 부유하게 된다
sie	werd—en	arm	그(녀)들은 가난해진다

5 -n형 동사

lächeln	미소짓다
ändern	변경하다

 일부 동사는 위의 도표처럼 부정사를 어간+-n으로 만듭니다.

◆ 이런 동사는 wir 및 (3인칭 복수의) sie의 인칭어미도 -en 이 아니라, -n이 됩니다.

wir klingeln	우리들은 초인종을 울린다
sie klingeln	그들은 초인종을 울린다
wir klettern	우리들은 기어 오른다
sie klettern	그들은 기어 오른다

◆ 부정사의 어미가 -eln으로 끝나는 동사에서는(또 구어에서는 -ern으로 끝나는 동사라도), 1인칭 단수에서는 어미의 -e-가 탈락합니다.
ich ~~lächele~~ → lächle 나는 미소짓는다
ich ~~rudere~~ → rudre 나는 보트를 젓는다

연습문제

1 다음에 열거한 낱말 중 동사를 찾아내어 ○표 하시오.
   1) lernen   2) Essen   3) essen   4) ich
   5) sein   6) Zeit   7) Angst   8) lächeln

2 문제 1에서 찾아낸 동사의 어간과 어미 사이에 가로선을 쳐서 표시하시오.   보기 : sing | en

3 밑줄 친 곳에 알맞은 인칭어미를 넣으시오.
   1) Ich lern____ Deutsch.
   2) Du trink____ Bier.
   3) Er trink____ Wein.
   4) Wir trink____ Milch.
   5) Sie arbeit____ wenig.(당신은)
   6) Sie arbeit____ wenig.(그녀는)

4 sein 동사를 인칭변화시켜 밑줄 친 곳에 넣으시오.
   1) Ich _____ Lehrer.

2) Du _____ auch Lehrer.
3) Er _____ Student.
4) Sie _____ Lehrerin. (그녀는)
5) Sie _____ fleißig. (그들은)

5 haben 동사를 인칭변화시켜 밑줄 친 곳에 넣으시오.
1) Ich _____ Hunger.
2) Du _____ Durst.
3) Er _____ Angst.
4) Sie _____ auch Angst. (그녀는)
5) Sie _____ Mut. (당신들은)
6) Sie _____ auch Mut. (그들은)
7) Wir _____ Geld.

6 werden 동사를 인칭변화시켜 밑줄 친 곳에 넣으시오.
1) Ich _____ gesund.
2) Er _____ krank.
3) Sie _____ hübsch. (그녀는)
4) Ihr _____ auch müde.

7 -n형 동사의 인칭변화를 주어진 인칭대명사에 대해서 각각 쓰시오.
1) lächeln (ich, du, er, wir)
_____

2) wandern (ich, du, er, ihr, Sie)
_____

3) ändern (ich, du, Sie)
_____

제2과

명사의 성과 격

1 명사의 문법상의 성

남성명사		여성명사		중성명사	
Vater	아버지	Mutter	어머니	Kind	아이
Hund	개	Maus	쥐	Reh	사슴
Tisch	책상	Wand	벽	Buch	책
Zwang	강제	Freiheit	자유	Ereignis	사건

독일어의 명사는 첫글자를 대문자로 씁니다. 그리고 모든 명사는 남성·여성·중성 중 어느 것인가의 **문법상의 성**에 속합니다.

◆ 사람이나 동물을 나타내는 명사는 보통 자연의 성별을 그대로 따릅니다. 무생물이나 추상개념을 나타내는 명사도 반드시 성을 가지고 있으며, 습관적으로 **남성·여성·중성**으로 구별되어 있습니다.

[참고] 사전 등에서는 남성명사는 m(Maskulinum의 약자), 여성명사는 f(Femininum의 약자), 중성명사는 n(Neutrum의 약자)으로 표시되어 있습니다.

2 관사(단수)

정관사		
남성명사	여성명사	중성명사
der Vater 아버지	**die** Mutter 어머니	**das** Kind 아이
der Tisch 책상	**die** Wand 벽	**das** Buch 책

Key Point 독일어의 **정관사**는 명사의 **문법상의 성**(앞으로는 다만 성이라 하겠음)에 따라 위와 같이 변화합니다.

◆ 따라서 명사는 정관사를 붙여서 외우도록 하면 자연히 명사의 성이 머리에 들어가 편리합니다.

부정관사		
남성	여성	중성
ein Vater	**eine** Mutter	**ein** Kind
ein Tisch	**eine** Wand	**ein** Buch

부정관사는 여성형만 조금 다릅니다.

3 명사의 격변화(단수)

	남성	여성	중성
1격	der ―	die ―	das ―
2격	des ―[e]s	der ―	des ―[e]s
3격	dem ―	der ―	dem ―
4격	den ―	die ―	das ―

Key Point 문장 중의 명사에는 반드시 「격」이 있으며, 이것에는 1격, 2격, 3격, 4격의 네 종류가 있습니다. 이것은 우리말의 조사 「는, 의, 에게, 를」에 해당됩니다(자세한 것은 45면 참조).

◆ 명사 자체는 남성명사와 중성명사 2격에 -s, 또는 -es가 붙을 뿐, 형태의 변화는 없습니다만(자세한 것은 43면 참조), 관사는 (명사의 성에 따라) 다양하게 형태가 달라집니다.

남성명사
1격	der	Vater	아버지는
2격	des	Vater**s**	아버지의
3격	dem	Vater	아버지에게
4격	den	Vater	아버지를

여성명사
1격	die	Mutter	어머니가
2격	der	Mutter	어머니의
3격	der	Mutter	어머니에게
4격	die	Mutter	어머니를

중성명사
1격	das	Kind	아이가
2격	des	Kind**es**	아이의
3격	dem	Kind	아이에게
4격	das	Kind	아이를

◆ 부정관사는 다음과 같이 격변화합니다.

1격	ein	Vater	ein**e**	Mutter	ein	Kind
2격	ein**es**	Vaters	ein**er**	Mutter	ein**es**	Kindes
3격	ein**em**	Vater	ein**er**	Mutter	ein**em**	Kind
4격	ein**en**	Vater	ein**e**	Mutter	ein	Kind

◆ 정관사의 격변화와 비교하면 남성 1격과 중성 1격·4격에서 어미가 없을 뿐, 다른 곳은 동일합니다.

4 2격어미 -s와 -es

원칙적으로 1음절 ⇨ **-es**
2음절이상 ⇨ **-s**

Key Point 2격 어미의 -s와 -es의 사용법 구별은 주로 발음상의 문제로서 일반적으로 한 음절 명사에는 **-es**, 두 음절 이상의 명사에는 **-s**를 붙인다고 외워두면 되겠습니다.

1음절		2음절 이상	
des Buches	책의	des Eigentums	재산의
des Hundes	개의	des Kontos	구좌의

◆ 단, 두 음절 이상의 끝 부분의 음절에 악센트가 없는 **e**를 포함하고 있는 명사의 2격 어미는 반드시 **-s**가 됩니다.

der Onkel ⇨ des Onkels 아저씨의
der Ofen ⇨ des Ofens 스토브의

◆ 더욱이 낱말 끝이 [스](-s, -ß), [슈](-sch), [츠트](-zt)로 끝나는 명사의 2격어미는 반드시 -es가 됩니다.

das Haus	⇨ des Hauses	집의
der Fluß	⇨ des Flusses	강의
der Tisch	⇨ des Tisches	책상의
der Arzt	⇨ des Arztes	의사의

[참고] 사전에는 표제어 다음에 옆으로 2격의 어미가(복수형과 함께) 제시되어 있습니다.

중성명사의 표기   복수형(제7과 참조)

Dach n. -[e]s, ̈-er

2격어미는 보통 -es, 그러나 드물게는 -s도 있다.

Dach[dax]⊞-es/̈-er [déçər] 지붕. In diesen kleinen Häusern wohnen oft mehrere Familien unter einem *Dach*.(이 작은 집들에는 종종 여러 가족이 한 지붕 밑에서 살고 있다.)
D́ach(d́ax) n -[e]s/Dächer [축소 : Dächelchen, Dächlein n] [decken과 같은 계통 | 대응 : engl. *thatch*] 지붕 : ein hohes, spitzes, steiles, flaches~ / hartes~(돌이나 기와의) / weiches~(삼나무나 짚의) / holländisches~ = Walmdach / ein~ aufsetzen, decken 지붕을 잇다 / das ~ [mit Ziegeln, Schiefer, Schindeln, Stroh, Dachpappe] decken / ein niedriges ~ 낮은 지붕[의 집](오막살이 집의 뜻) / wir wollen den Bau im Herbst noch

5 격의 용법

```
1격 = 「는, 이」
2격 = 「의」
3격 = 「에게」
4격 = 「를」
```

Key Point 격은 문장에서의 명사의 역할을 나타내는 것으로서 우리말 조사의 「는, 의, 에게, 를」에 대응하는 것입니다.

1격 : **Der Freund** singt gut.
　　　친구가 노래를 잘 부릅니다.
2격 : das Buch **des Freundes**
　　　그 친구의 책
3격 : Sie winkt **dem Freund**
　　　그녀는 그 친구에게 신호를 합니다.
4격 : Sie kauft **das Buch**
　　　그녀는 책을 삽니다.

6 남성 약변화명사

der Mensch	사람이	der Student	대학생이
des Menschen	사람의	des Studenten	대학생의
dem Menschen	사람에게	dem Studenten	대학생에게
den Menschen	사람을	den Studenten	대학생을

> **Key Point** 1격 이외의 모든 격에서 -en을 붙이는 남성 명사가 약간 있습니다.

◆ Mensch처럼 낱말 끝이 자음으로 끝난 것에는 -en을 붙이지만, 낱말 끝이 -e로 끝난 것에는 -n만을 붙인다.

    der   Hase   토끼가
    des   Hasen   토끼의
    dem   Hasen   토끼에게
    den   Hasen   토끼를

[메모] 이런 명사를 남성 약변화명사라 합니다.

7 정관사와 부정관사의 용법

> Ich liebe **einen** Studenten. **Der** Student lernt Deutsch.
> 나는 한 대학생을 사랑하고 있습니다. 그 대학생은 독일어를 배우고 있습니다.

>  부정관사는 셀 수 있는 것을 나타내는 명사 앞에서 쓰이며, 「어느 한 사람의」라든가 「어느 하나의」라는 뜻이 됩니다.
> 또 정관사는 이미 한번 화제에 올랐던 것을 다시 화제로 삼을 때 쓰이며, 「그…」라는 뜻이 됩니다.

◆ 정관사는 셀 수 없는 것을 나타내는 명사(추상명사, 물질명사)에도 쓰입니다.

Ich liebe die **Freiheit**.
　　나는 자유를 사랑한다.
Ich kaufe den **Rotwein**.
　　나는 그 적포도주를 산다.

연습문제

1. 38면의 문제 1에서 열거한 낱말 중에서 명사를 찾아내어 △표 하시오.
2. 다음의 낱말을 사전에서 찾아 정관사, 그리고 부정관사를 붙여서 격변화시키시오.

　보기 : Vater ⇨ der Vater, des Vaters, dem Vater, den Vater; ein Vater, eines Vaters, einem Vater, einen Vater

　1) Baum _____

　2) Mutter _____

　3) Kind _____

　4) Onkel _____

　5) Fluß _____

　6) Heft _____

③ 다음 문장의 밑줄 부분을 아래에 주어진 낱말들과 바꾸어 넣으시오. 필요에 따라 문법적인 변화도 병행해야 합니다.
① der Freund   ② der Vater und die Mutter
③ das Mädchen
1) <u>Ich</u> singe gut.
   ① _____
   ② _____
   ③ _____
2) Wir winken <u>dem Studenten</u>.
   ① _____
   ② _____
   ③ _____
3) Ich liebe <u>den Mann</u>.
   ① _____
   ② _____
   ③ _____

④ 밑줄 친 곳에 정관사나 부정관사를 알맞은 격으로 하여 써 넣으시오.
1) Ich kenne _____ Mädchen.
   _____ Mädchen liebt _____ Studenten.
   _____ Student studiert Jura.
2) _____ Sonne scheint heute schwach*.
3) Ich lese _____ Buch. _____ Buch heißt „Faust".
4) _____ Gesundheit ist wichtig.

　* schwach =「약하게」

제3과

문장의 형식

1 어순(1)
－평서문－

```
    그는          오늘      책을      삽니다.
     ↓            ↓         ↓         ↓
    Er  (제2위)  heute    ein Buch   kaufen

         Er kauft heute ein Buch.
```

Key Point 독일어의 어순은 「우리말과 같은 순서로 낱말들을 늘어놓고, 끝에 오는 동사를(정형으로 해서) 문두에서 두번째 위치에 `놓는`」 것으로 만들어집니다.

◆ 독일어에서는 주어가 문두에 오지 않아도 괜찮습니다.

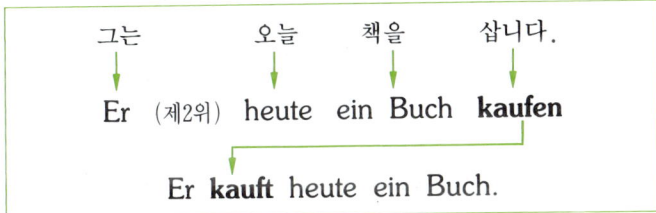

```
    오늘          그는      책을      삽니다.
     ↓            ↓         ↓         ↓
   Heute (제2위)  er     ein Buch   kaufen

         Heute kauft er ein Buch.
```

[참고] 따라서 독일어를 우리말로 번역할 때는 두번째의 동사를 마지막으로 번역할 뿐, 나머지는 독일어와 같은 순서로 번역해 가면 됩니다.

2 어순(2)
— 의문문 —

그는   오늘   책을   삽니   까?

(문두) er heute ein Buch **kaufen** ?

Kauft er heute ein Buch?

① 「……인지 어떤지?」를 묻는 결정의문문은 「우리말과 같은 순서로 낱말들을 늘어놓고, 마지막에 오는 동사를(정형으로 해서) 문두에 놓는」 것으로 만들어집니다.

② 「누가?」라든가 「언제?」라든가를 묻는 보충의문문은 「우리말과 같은 순서로 낱말들을 늘어놓고, 의문사를 문두에, 동사를(정형으로 해서) 두번째 위치에 놓는」 것으로 만들어집니다.

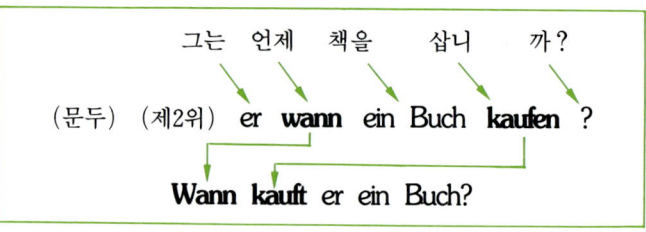

그는 언제 책을 삽니 까?

(문두)(제2위) er **wann** ein Buch **kaufen** ?

Wann kauft er ein Buch?

3 의문대명사

| wer | 누가 | was | 무엇 |

Key Point ① 사람에 대해서 쓰이는 wer는 다음과 같이 격변화합니다.

1격 : **Wer kommt morgen?**
　　 누가 내일 옵니까?
2격 : **Wessen Platz ist das?**
　　 이것은 누구의 좌석입니까?
3격 : **Wem winkt er?**
　　 누구에게 그는 신호를 하고 있습니까?
4격 : **Wen liebt er?**
　　 누구를 그는 사랑하고 있습니까?

Key Point ② 사물에 대해서 쓰이는 was는 1격형과 4격형만 있습니다.

1격 : **Was ist los?**
　　 무슨 일이 생겼습니까?
4격 : **Was kaufst du?**
　　 무엇을 너는 사느냐?

4 의문부사

wann	언제	**wo**	어디서
warum	왜	**wohin**	어디로
wie	어떻게	**woher**	어디에서

Key Point 이것들은 가장 기본적인 의문부사입니다. 잘 외워두도록 합시다.

Wann kommst du?
　　언제 너는 오니?
Warum weint er?
　　왜 그는 울고 있습니까?
Wie wird das Wetter?
　　날씨는 어찌 될까요?
Wo wohnt er?
　　어디서 그는 살고 있습니까?
Wohin gehst du?
　　어디로 너는 가는 거냐?
Woher kommt der Lärm?
　　어디에서 그 소음은 오는 건가요?

연습문제

1 다음 우리말을 독일어로 옮기시오.
   1) 그녀는 오늘(heute) 한 권의 책(Buch)을 삽니다(kaufen).
   _____

   2) 그녀는 오늘 한 권의 책을 삽니까?
   _____

   3) 무엇을(was) 그녀는 오늘 삽니까?
   _____

   4) 누가(wer) 오늘 한 권의 책을 삽니까?
   _____

2 다음 문장의 밑줄 부분을 보기처럼 우선 ① 문두에 놓는 문장을 만들고, 다음에 ② 그 부분을 의문문으로 만드시오.

> 보기 : Er kauft jetzt ein Buch.
>   ⇨ ① Jetzt kauft er ein Buch.
>   ② Wann kauft er ein Buch?

   1) Die Frau kauft jetzt eine Zeitung.
      ① _____
      ② _____

   2) Der Student kommt aus Suwŏn*.
      ① _____
      ② _____

      * aus Suwŏn =「수원에서」

3) Maria und Hans studieren Jura in Heidelberg*.

① _____
② _____

    * in Heidelberg=「하이델베르크에서」

4) Er liebt Maria.

① _____
② _____

5) Ich fahre morgen nach München*.

① _____
② _____

    * nach München=「뮌헨으로」

3 밑줄 부분에 (　　)안의 의문사를 올바른 문형으로 써 넣고, 우리말로 옮기시오.

1) _____ helfen wir?　　(wer)
2) _____ essen wir heute abend?　　(was)
3) _____ Platz ist das?　　(wer)
4) _____ liebt mich?　　(wer)
5) _____ liebst du?　　(wer)

제4과

전치사

1 전치사의 격지배

> Er geht **aus dem** Haus.   그는 집에서 나온다.

Key Point

독일어에서는 전치사와 연결되는 명사는 반드시 2격, 3격 또는 4격이 됩니다. 어느 전치사가 어느 격을 요구하는가는 각각 전치사에 따라 정해져 있습니다.
　(ㄱ) 4격 지배 전치사
　(ㄴ) 3격 지배 전치사
　(ㄷ) 2격 지배 전치사
와, 각기 용법에 따라 3격이나 4격을 요구하는
　(ㄹ) 3·4격 지배 전치사 (57면 참조)
의 네 종류가 있습니다.
　이것을 **전치사의 격지배**라 합니다.

■ 4격지배

Er geht **durch die** Tür.
　그는 문을 통과해 간다.

Sie kämpfen **für** die Freiheit.
  그들은 자유를 위해 싸운다.
Sie laufen **um** das Haus.
  그들은 집 주위를 달린다.

■ 3격지배

Er wohnt **bei** einem Freund.
  그는 친구네 집에 살고 있다.
Sie kommt **mit** dem Freund.
  그녀는 친구와 함께 온다.
Nach dem Essen geht sie **aus** dem Zimmer.
  식사 후에 그녀는 방에서 나간다.

■ 2격지배

Er wohnt **außerhalb** der Stadt.
  그는 시외에서 살고 있다.
Während des Urlaubs geht sie zu* einem Freund.
  휴가중에 그녀는 친구한테로 간다.
  * zu는 3격지배 전치사
Wegen der Krankheit des Vaters bleibt er zu Hause*.
  부친의 병 때문에 그는 집에 머물러 있다.
  * bleiben+zu Hause=「집에 머물러 있다」 숙어에서는 3격의 남성·중성명사에 격어미를 붙일 때가 있습니다.

2 3·4격지배 전치사

an	auf
hinter	in
neben	über
unter	vor
zwischen	

(ㄱ) 동작이 행해지고 있는 **장소**「어디서」를 나타낼 때는 **3격을 지배**하고

(ㄴ) 동작에 의해 주어 또는 목적어가 이동해가는 **방향**「어디로」를 나타낼 때는 **4격을 지배**한다는 것입니다.

예를 들면,

(1) **in** 플러스 3격=「…안에서」

(2) **in** 플러스 4격=「…안으로」

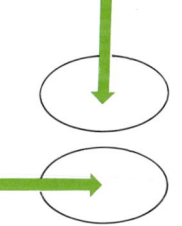

(1)의 보기
Das Kind spielt **in dem** Park.
  그 아이는 공원에서 놀고 있다.

(2)의 보기
Das Kind geht **in den** Park.
  그 아이는 공원 안으로 들어간다.

◆ 구체적인 보기를 들기로 합시다.

an

「…의 면에」 Das Bild hängt **an der** Wand.
그림이 벽에 걸려 있다.
「…의 면으로」 Er hängt das Bild **an die** Wand.
그는 그림을 벽에 건다.

auf

「…의 위에서」 Das Kind sitzt **auf dem** Stuhl.
그 아이는 걸상 위에 앉아 있다.
「…의 위로」 Er setzt das Kind **auf den** Stuhl.
그는 그 아이를 걸상 위에 앉힌다.

hinter

「…의 뒤에」 **Hinter dem** Tisch steht eine Lampe.
테이블 뒤에 램프가 서 있다.
「…의 뒤로」 **Hinter den** Tisch stellt er eine Lampe.
테이블 뒤로 그는 램프를 세운다.

neben

「…의 옆에」 **Neben dem** Fernseher liegt eine Uhr.
텔레비전 옆에 시계가 있다.
「…의 옆으로」 **Neben den** Fernseher legt er eine Uhr.
텔레비전 옆으로 그는 시계를 놓는다.

◆ 기타의 것은 다음과 같은 뜻이 됩니다.

- **über**
  - +3격 = 「…의 위쪽에」
  - +4격 = 「…의 위로」
- **unter**
  - +3격 = 「…의 아래에」
  - +4격 = 「…의 아래로」
- **vor**
  - +3격 = 「…의 앞에」
  - +4격 = 「…의 앞으로」
- **zwischen**
  - +3격 = 「…의 사이에」
  - +4격 = 「…의 사이로」

3 전치사와 정관사의 결합

> Er bringt den Koffer **zum** Bahnhof.
> 그는 트렁크를 역으로 운반한다.

 몇몇 전치사는 지시력이 약한 정관사와 융합할 때가 있습니다. 예를 들면,

am	<	an dem	**beim**	<	bei dem
im	<	in dem	**vom**	<	von dem
ans	<	an das	**zur**	<	zu der

Er sitzt **im** Sessel.
그는 안락의자에 앉아 있다.

【주의】 명사를 「그…」하고 강조하는(지시력이 강한) 때에는 정관사와 전치사를 떼어서 쓴다.

Er sitzt **in dem** Sessel.
그는 그 안락의자에 앉아 있다.

4 특수한 전치사

Die Bank liegt { **gegenüber** dem Bahnhof.
                 dem Bahnhof **gegenüber**.
은행은 역 맞은 편에 있다.

 전치사 중에는 후치되는 것도 있다. gegenüber는 위의 보기처럼 명사 앞에나 뒤에도 놓을 수 있다.

◆ entlang 「…을 따라」도 후치되면 4격을 지배한다.
Den Fluß **entlang** führt ein Weg.
강을 따라 길이 통해 있다.

◆ bis 「…까지」는 다른 전치사와 결부되어서도 쓰인다.
Er führt den Gast **bis vor** die Tür.
그는 손님을 문 앞까지 인도한다.
Das Kind spielt **bis zum** Abend.
그 아이는 저녁 때까지 논다.

연습문제

1. 다음 문장을 우리말로 옮기시오.
   1) Dem Bahnhof gegenüber steht ein Fernsehturm.
   2) Bis vor die Tür führt der Herr den Gast.
   3) Er lernt sehr fleißig bis zum Abend.
   4) Der Flughafen Frankfurt am Main ist ein Luftverkehrszentrum in Europa.
   5) Beim Essen raucht man nicht.

2. (   ) 안에 뜻이 통하도록 밑줄 친 부분을 보충하시오.
   1) Sie geht ___ ___ Tür.
      (그녀는 문을 통과해 간다)
   2) Wir wohnen ___ ___ Freund.
      (어느 친구네 집에서 산다)
   3) ___ ___ Essen spülen wir das Geschirr.
      (식사 후에 식기를 닦는다)
   4) Der Lehrer wohnt ___ ___ Stadt.
      (교외에서 산다)
   5) ___ ___ Urlaubs geht sie zu den Eltern.
      (휴가 동안에)
   6) Das Kind geht ___ dem Onkel.
      (아저씨한테로 간다)
   7) ___ ___ Garten spielen sie jetzt.
      (마당에서 논다)

8) Wer hängt das Bild ___ ___ Wand?
   (누가 벽에다 거는가?)
9) Das Bild hängt jetzt ___ ___ Wand.
   (지금 벽에 걸려 있다)
10) ___ ___ Tisch stellt er einen Kühlschrank.
    (책상 뒤에 놓는다)

3 다음 문장을 전치사가 몇 격을 지배하고 있는가에 유의하면서 우리말로 옮기시오.
  1) ① Das Mädchen stellt eine Vase auf den Tisch.
     ② Die Vase steht jetzt auf dem Tisch.
  2) ① Sie steckt den Schlüssel ins Schloß.
     ② Der Schlüssel steckt jetzt im Schloß.
  3) ① Ich lege den Hund an die Kette.
     ② Der Hund liegt jetzt an der Kette.
  4) ① Er baut eine Garage neben das Haus.
     ② Die Garage steht jetzt neben dem Haus.
  5) ① Der Student geht vor das Haus.
     ② Er steht jetzt vor dem Haus.
  6) ① Das Kind geht unter den Apfelbaum.
     ② Das Kind spielt jetzt unter dem Apfelbaum.
  7) ① Nach* dem Essen schlafe ich.
     ② Nach Essen fahre ich mit dem Auto.
  8) ① Gehen wir ins Kino?
     ② Nein, ich bleibe zu Hause.
    * nach는 시간적으로「…후에」를 나타내든가, 공간적으로는 중성의 지명 앞에서「…로」를 나타낸다.

제5과

동사와 격과 전치사

1 동사의 격지배

> Der Schüler grüßt **den** Lehrer.
> 그 학생이 선생에게 인사한다.

동사와 결부되는 명사의 격은 원래 각 동사에 따라 정해져 있습니다. 위의 예문의 번역문이 「선생에게」이지만, 독일어 문장에서는 den Lehrer로 **4격**이 되어 있는 것은, 동사 grüßen이 목적어로 4격을 요구하기 때문입니다.

◆ 이것을 동사의 격지배라 합니다. 이제부터 「1격=가, 2격=의, 3격=에게, 4격=을」의 도식뿐만 아니라 아래의 예문처럼 도식에 합치하지 않을 때도 있으므로 하나 하나의 동사의 격지배에도 주의하는 습관을 길러 주십시오.

  3격 +drohen=「…를 위협한다」
  Sie drohen **dem** Lehrer.
   그들은 선생님을 위협한다.

4격 +heiraten=「…와 결혼하다」
   Sie heiratet **den** Lehrer.
   그녀는 선생님과 결혼한다.

◆ 3격이 「…로부터」로 번역될 때도 흔히 있습니다.

 3격 +entkommen=「…로부터 도망치다」
   Er entkommt **dem** Wächter.
   그는 감시인으로부터 도망친다.
 3격 + 4격 +rauben=「…로부터 …을 빼앗다」
   Er raubt **dem** Mädchen einen Kuß.
   그는 그 소녀로부터 키스를 빼앗는다.

[참고] 형용사가 격지배를 할 때도 있습니다.

 3격 +ähnlich(+sein)=「…를 닮았다」
   Er ist **dem** Vater ähnlich.
   그는 아버지를 닮았다.
 3격 +überlegen(+sein)=「…보다 월등하다」
   Er ist **dem** Gegner überlegen.
   그는 적보다 월등하다.

2 동사의 전치사 지배

> Er fragt **nach** dem Weg.
> 그는 길을 묻는다.

Key Point 동사와 결부되는 전치사의 종류도 각각 동사에 따라 정해져 있습니다.

◆ 전치사의 원래의 뜻을 느낄 수 있을 때도 있습니다만, 하나 하나의 동사에 관해서 어느 전치사와 결부되는가를 익혀 두어야 합니다. 이것을 동사의 전치사 지배라 합니다.

| mit… | +rechnen =「…을 기대하다」
  Wir rechnen **mit** einem Erfolg.
   우리는 성공을 기대하고 있다.
| 4격 | + | zu… | +zwingen =「누구에게…을 시키다」
  Die Polizei zwingt **den** Mann **zu** einem Geständnis.
   경찰은 그 남자에게 자백을 시킨다.

[주의] 지배하는 전치사에 따라 동사의 뜻이 달라지는 것도 있습니다.
  Er **besteht auf** der Erfüllung des Vertrages.
   그는 계약의 이행을 주장한다.
  Das Messer **besteht aus** Kunststoff.
   그 칼은 플라스틱으로 되어 있다.

[참고] 형용사도 전치사를 지배할 때가 있습니다.
  Die Mutter ist *stolz* **auf** den Sohn.
   어머니는 아들을 자랑으로 생각하고 있다.
  Das ist **vom** Wetter *abhängig*.
   그것은 날씨에 달렸습니다.

【참고】 동작명사(동사에서 파생되어온 명사)가 원래의 동사에 준하여 전치사를 지배할 때가 있습니다.

Er verliert den *Glauben* **an** den Erfolg.
  그는 성공에 대한 확신을 잃고 있다.
  ⇦ Er *glaubt* **an** den Erfolg.
    그는 성공을 믿고 있다.

3 부정사구

> einen Lehrer begrüßen ⇨ **jemanden begrüßen**
>   선생에게 인사하다.
> nach dem Weg fragen ⇨ **nach etwas³ fragen**
>   길을 묻다.

 동사의 격지배·전치사지배는 사전 등에서는 부정사를 끝에 놓은 예문 형식으로 표시합니다. 우리말의 어순과 비슷한 점에 주의해 주세요.

◆ 보다 일반적인 형태로 격지배·전치사지배를 표시하기 위해서, 다음과 같은 기호를 쓸 때가 있습니다.
(위의 BOX안 예문을 참조)

jemanden 또는 jn 또는 j⁴ ⇨ 사람을 나타내는 4격명사
jemandem 또는 jm 또는 j³ ⇨ 사람을 나타내는 3격명사
etwas⁴ 또는 etw⁴ 또는 et⁴ ⇨ 사물을 나타내는 4격명사
etwas³ 또는 etw³ 또는 et³ ⇨ 사물을 나타내는 3격명사

예를 들자면,

j³ et⁴ rauben ⇨ 누구로³부터 무엇⁴을 빼앗다.

[메모] 이처럼 부정사를 문장 끝에 둔 구를 **부정사구**라 합니다.

연습문제

1. 다음 각 문장에 틀린 곳이 있습니다. 그것을 고치시오.
   1) Ich helfe gern die Mutter.
   2) Er fragt der Frau nach dem Weg.
   3) Sie ist zu dem Vater ähnlich.
   4) Wir grüßen der Lehrerin.

2. 다음 문장의 밑줄 친 부분에 알맞은 정관사를 넣으시오.
   1) Er dankt ____ Lehrer für das Geschenk.
   2) Das Programm dient ____ Erforschung des Weltalls.
   3) Er droht ____ Frau mit einem Stock.
   4) Er folgt ____ Vater ins Haus.
   5) Er winkt ____ Kellner mit der Hand.
   6) Sie ändern ____ Programm.
   7) Sie faßt ____ Studentin an der Hand.
   8) Er holt ____ Anzug vom Schneider.

3 다음 문장의 밑줄 친 부분에 알맞은 전치사를 넣으시오.
1) Ein Ausländer fragt mich ___ dem Weg zur Bank.
2) Das Mädchen besteht ___ dem Kauf des Pelzmantels.
3) Das Wasser besteht ___ Wasser- und Sauerstoff.
4) Sie sind sehr stolz ___ den Sohn.

제6과

동사의 현재인칭변화(Ⅱ)

1 규칙변화(1)

부정사	warten	기다리다
ich warte		wir warten
du wart**e**st		ihr wart**e**t
er wart**e**t		sie warten

Key Point 어간이 **-d**나 **-t**로 끝나는 동사(동사의 수는 한정되어 있음)에서는 du, er 및 ihr에 대한 인칭어미가 **-e**st와 **-e**t가 된다.

부정사 red-en 「말하다」
 du   redest   너는 말한다
 er/ihr redet   그는／너희들은 말한다

부정사 arbeit-en 「일하다」
 du   arbeitest   너는 일한다
 er/ihr arbeitet   그는／너희들은 일한다

【메모】 이 -e-는 어조(語調)를 고르게 하기 위해서라는 뜻에서 어조상의 e라 합니다.

2 규칙변화(2)

	부정사 tanzen 「춤추다」		
ich	tanze	wir	tanzen
du	**tanzt**	ihr	tanzt
er	tanzt	sie	tanzen

Key Point 어간이 -s, -ß, -z 등으로 끝나는 동사에서는 du의 인칭어미가 -st가 아니라, 단지 -t가 된다. 따라서 er의 인칭변화와 동일하게 된다.

reis–en	여행하다	du reist	너는 여행을 한다
		er reist	그는 여행을 한다
grüß–en	인사하다	du grüßt	너는 인사한다
		er grüßt	그는 인사한다
tanz–en	춤추다	du tanzt	너는 춤춘다
		er tanzt	그는 춤춘다

3 불규칙변화(1)

a[아, 아−] ⇨ ä[에, 에−]			
부정사 fahren 「(탈것으로) 가다」			
ich	fahre	wir	fahren
du	**fährst**	ihr	fahrt
er	**fährt**	sie	fahren

제6과 동사의 현재인칭변화(Ⅱ) ● 71

 du와 er에서의 인칭변화에서 어간모음이 변하는 동사가 있습니다. 그 하나는 어간모음 a를 변모음[움라우트] 시키는 것입니다.

Wann **fährst** du nach Bonn?
　언제 너는 본에 가니?
Er **fährt** morgen nach Bonn.
　그는 내일 본으로 간다.

◆ laufen 「달리다」는 다음같이 변화한다.

　　du **läufst**　　　너는 달린다
　　er **läuft**　　　그는 달린다

4 불규칙변화(2)

　　　　　e[에] ⇨ i[이]
　　　부정사 essen　　　　「먹다」
　　　ich　esse　　　　wir　essen
　　　du　**ißt***　　　　ihr　eßt
　　　er　**ißt**　　　　sie　essen
　　　　* ss와 ß의 용법은 25면 참조

 불규칙동사의 다른 또 하나의 타입은 어간모음 e[에]를 i[이]로 바꾸는 것입니다.

Wann **ißt** du?
　언제 너는 식사하느냐?

Er **ißt** immer um 3 Uhr.
그는 언제나 3시에 식사를 한다.

◆ 자음도 부분적으로 변화하는 예외적인 것이 있습니다.

treten   걷다   du **trittst**   너는 걷는다
                     er **tritt**   그는 걷는다

5 불규칙변화 (3)

```
          e[에 ―] ⇨ ie[이 ―]
부정사  lesen              「읽다」
ich   lese              wir  lesen
du    liest             ihr  lest
er    liest             sie  lesen
```

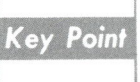

불규칙 변화의 마지막 타입은 어간모음 e [에 ―]를 ie[이 ―]로 변화시키는 것입니다.

Was **liest** du?
무엇을 너는 읽고 있니?

Er **liest** einen Roman.
그는 소설을 읽습니다.

◆ 자음도 부분적으로 변화하는 것이 있습니다.

nehmen   취하다   du **nimmst** Platz   너는 자리에 앉는다
                  er **nimmt** Platz   그는 자리에 앉는다

[참고] 이밖에 어떤 동사가 불규칙하게 변화하는가는 책 끝부분에 있는 「불규칙 동사 변화표」를 참조.

연습문제

1 ( ) 안의 말을 주어로 하여 문장을 바꾸어 쓰시오.
1) Ich schlafe gut. (das Kind)

2) Ich arbeite fleißig. (du)

3) Er redet immer zu viel. (du)

4) Der Onkel reist gern. (ich)

5) Der Kongreß tanzt. (das Mädchen)

6) Wir essen im Restaurant und fahren nach Hause. (du)

7) Wir nehmen gleich Abschied und fahren zum Bahnhof. (das Mädchen)

8) Ich trete in das Zimmer sehr vorsichtig. (er)

9) Ich esse gern Käse. (der Vater des Kindes)

10) Den ganzen Tag* sitzen sie auf dem Stuhl und lesen einen Krimi. (er)

---

* den ganzen Tag =「하루종일」. 명사의 4격이 부사로 쓰여진 것입니다.

제 7 과

명사의 복수

1 명사의 복수형(1)

단수형		복수형
(ㄱ) der Onkel	아저씨	die Onkel
(ㄴ) der Hund	개	die Hunde
(ㄷ) das Kind	아이	die Kinder
(ㄹ) die Frau	여인	die Frauen

복수형을 만드는 데는 몇 가지 타입이 있습니다. 어느 명사가 어떤 타입에 의해 복수형을 만드느냐 하는 것은 하나하나의 명사를 사전 등에 의해 익혀 주세요.

◆ 복수의 정관사는 명사의 성에 관계없이 다 die입니다.

◆ 사전에는 단수2격형과 더불어 복수1격형이 실려 있습니다.

◆ 그중에는 변모음[움라우트]하는 것도 있습니다. 좀더 구체적인 보기를 들어봅시다.

	단수형		복수형	사전의 표기예
단복수 동형식	das Fenster	창	die Fenster	n.-s/-

(움라우트)	der Vater	아버지	die V**ä**ter	m.	–s/⸚
–e식	der Freund	친구	die **Freunde**	m.	–[e]s/–e
(움라우트)	die Nacht	밤	die **Nächte**	f.	–/⸚e
	die Hand	손	die **Hände**	f.	–/⸚e
–er식	das Bild	그림	die **Bilder**	n.	–[e]s/–er
(움라우트)	das Haus	집	die **Häuser**	n.	–es/⸚er
	das Buch	책	die **Bücher**	n.	–[e]s/⸚er
–[e]n식	die Blume	꽃	die **Blumen**	f.	–/–n
	der Staat	국가	die **Staaten**	m.	–es/–en

2 명사의 복수형 (2)

단수형		복수형
das Auto	자동차	die **Autos**

Key Point 영어, 프랑스어에서 온 외래어는 –s에 의해 복수형을 만듭니다.

단수형		복수형
der Park	공원	die **Parks**
das Hotel	호텔	die **Hotels**
das Sofa	소파	die **Sofas**

[주의] 복수어미를 붙일 경우, 철자를 약간 바꾸는 명사가 있습니다.

단수형		복수형
das Ereignis	사건	die Ereignis**se**
die Studentin	여대생	die Studentin**nen**

3 복수의 격변화

1격	**die**	Freunde	친구들이
2격	**der**	Freunde	친구들의
3격	**den**	Freunden	친구들에게
4격	**die**	Freunde	친구들을

명사 복수형에서의 격변화에서는 3격에서 **-n** 이 붙을 뿐입니다.

◆ 정관사는 명사의 성에 관계없이 동일한 변화를 합니다.

◆ 복수 1격형에 이미 -n 또는 -s가 붙어 있을 때는 (3격에서도) 더 이상 -n을 붙이지 않습니다.

die	Frauen	여성들이	die	Autos	자동차들이
der	Frauen	여성들의	der	Autos	자동차들의
den	Frauen	여성들에게	den	Autos	자동차들에게
die	Frauen	여성들을	die	Autos	자동차들을

연습문제

① 밑줄 친 곳의 명사는 단수인가 복수인가, 또 무슨 격인가를 답하고 또한 단수·복수의 1격형을 쓰시오.
  1) Ich kenne einen Studenten.
     1격형_____
  2) Die Onkel sind beide reich.
     1격형_____
  3) Mit Kindern spiele ich gern.
     1격형_____

② 다음 문장중의 밑줄 친 곳의 명사의 수(단수·복수)를 교체하여 전체 문장을 바꾸어 쓰시오.

  보기 : Du hast einen Hund. ⇨ Du hast Hunde.

  1) Er hat immer Fragen.
     _____

  2) Der Junge schenkt der Freundin eine Blume.
     _____

  3) Das Auto ist nicht teuer.
     _____

  4) In den Bergen wohnen Zwerge.
     _____

  5) Das Haus hat ein Fenster und eine Tür.
     _____

  6) Du machst einen Fehler.
     _____

제8과

관사류

1 정관사류

	남성	여성	중성	복수
1격	—er	—e	—es	—e
2격	—es	—er	—es	—er
3격	—em	—er	—em	—en
4격	—en	—e	—es	—e

dies—er「이」, jed—er「모든」등은 관사같이 명사구 선두에 놓여 명사의 성·수·격에 따라 위의 표처럼 격어미를 붙입니다.
정관사의 격어미와 (여성·중성·복수의 각각의 1격·4격) 조금 다를 뿐이며 대체로 일치하고 있습니다.

◆ dies—er「이」의 격변화

	남성	여성	중성	복수
1격	dieser	diese	dieses	diese
2격	dieses	dieser	dieses	dieser
3격	diesem	dieser	diesem	diesen
4격	diesen	diese	dieses	diese

Dieser Wagen ist teuer. 이 차는 값이 비싸다.

◆ welch–er 「어느」의 격변화

	남성	여성	중성	복수
1격	welcher	welche	welches	welche
2격	welches	welcher	welches	welcher
3격	welchem	welcher	welchem	welchen
4격	welchen	welche	welches	welche

Welchen Wagen kaufen Sie?
당신은 어느 차를 삽니까?

◆ jed–er 「모든」의 격변화

	남성	여성	중성	복수
1격	jeder	jede	jedes	——
2격	jedes	jeder	jedes	——
3격	jedem	jeder	jedem	——
4격	jeden	jede	jedes	——

Er benützt **jede** Gelegenheit.
그는 모든 기회를 이용한다.

◆ solch–er 「그러한」의 격변화

	남성	여성	중성	복수
1격	solcher	solche	solches	solche
2격	solches	solcher	solches	solcher
3격	solchem	solcher	solchem	solchen
4격	solchen	solche	solches	solche

Solche Leute hasse ich.
그러한 사람들을 나는 싫어한다.

[주의] 단수에서는 보통 solcher보다는 ein solcher(형용사로서의 solcher ; 86면 참조)를 씁니다.

[메모] 관사처럼 명사구 선두에 둔 것을 **관사류**라 하고, 위에서 말한 것처럼 정관사에 준하는 격변화를 하는 것을——다음 과에서 익힐 것과 대비해서——**정관사류** (또는 dieser형)라 합니다.

2 부정관사류

소유관사				
mein	**dein**	**sein**	**ihr**	**sein**
나의	너의	그의	그녀의	그것의
unser	**euer**		**ihr**	
우리들의	너희들의		그들의 / 그녀들의 / 그것들의	

Key Point 　소유관사(소유대명사)는 영어의 my, your, his 등에 해당되는 것으로 소유 관계를 나타냅니다.

이것들은 ein의 격변화에 준하는 것으로서, 남성 1격·4격에서 무어미가 되는 점이 정관사류(dieser형)와 다릅니다.

◆ mein 「나의」의 격변화

	남성	여성	중성	복수
1격	mein	meine	mein	meine
2격	meines	meiner	meines	meiner
3격	meinem	meiner	meinem	meinen
4격	meinen	meine	mein	meine

Mein Vater fährt morgen nach Bonn.
나의 아버지는 내일 본으로 갑니다.
Ich glaube an **meinen** Freund.
나는 나의 친구를 믿습니다.

◆ unser 「우리들의」의 격변화

	남성	여성	중성	복수
1격	unser	unsere	unser	unsere
2격	unseres	unserer	unseres	unserer
3격	unserem	unserer	unserem	unseren
4격	unseren	unsere	unser	unsere

Unser Vater besucht oft seinen Onkel.
우리 아버지는 자주 그의 아저씨를 방문한다.
Diese Dame ist die Tante **uns[e]res*** Freundes.
이 부인은 우리들의 친구의 아주머니입니다.
* 격어미가 붙으면 어간의 e가 생략될 수도 있습니다.

[메모] 소유대명사 및 다음 면의 부정관사(否定冠詞)를 부정관사류(혹은 mein 형)라 합니다.

◆ 2인칭 존칭 Sie에 대한 소유대명사는 **Ihr**「당신의 / 당신들의(단수·복수가 같은 형)」입니다. 반드시 대문자로 쓰기 시작해야 합니다.

	남성	여성	중성	복수
1격	Ihr	Ihre	Ihr	Ihre
2격	Ihres	Ihrer	Ihres	Ihrer
3격	Ihrem	Ihrer	Ihrem	Ihren
4격	Ihren	Ihre	Ihr	Ihre

Wo verbringen Sie **Ihren** Urlaub?
  어디서 당신은 휴가를 보내십니까?

◆ 부정관사 kein 「아무것도 …없다」도 소유대명사와 동일한 격변화를 합니다.

	남성	여성	중성	복수
1격	kein	keine	kein	keine
2격	keines	keiner	keines	keiner
3격	keinem	keiner	keinem	keinen
4격	keinen	keine	kein	keine

Er zeigt **keine** Reue.
  그는 후회의 빛을 전혀 보이지 않는다.

연습문제

1 밑줄 친 부분에 알맞은 어미를 넣어 보충하시오.
1) Welch____ Mann liebt das Mädchen? (어느 남자가)
2) Welch____ Mann liebt das Mädchen? (어느 남자를)
3) Mit welch____ Mann fährt das Mädchen nach Berlin?

2 다음 우리말을 독일어로 옮기시오.
1) 나의 차는   2) 그의 양친은   3) 너의 차의 창을
4) 그의 차의 창은   5) 우리들의 친구들에게

3 문제 2에서 옮긴 어구에 다음 어구를 연결시켜 짧은 문장을 만드시오.
1) grün sein: _____

2) in Kyŏngju wohnen: _____

3) klein sein: _____

4) ich, sauber machen: _____

5) wir, für die Hilfe danken: _____

제9과

형용사

1 형용사의 격변화(1)

> der **gute** Lehrer   그 좋은 선생님이
> ein **guter** Lehrer   어느 좋은 선생님이

 명사를 수식하는 형용사는 관사류의 종류에 따라 다른 격변화 어미를 붙입니다.

관사류와 함께 쓰일 때

남성 단수 1격, 여성 단수의 1격·4격 및 중성 단수의 1격·4격에서 -e가 되는 이외는 모두 다 -en입니다.

	남성단수	여성단수
	「친절한 남자」	「친절한 여성」
1격	der nette Mann	die nette Frau
2격	des netten Mannes	der netten Frau
3격	dem netten Mann	der netten Frau
4격	den netten Mann	die nette Frau

	중성단수	복수
	「친절한 아이」	「친절한 사람들」
1격	das nette Kind	die netten Leute
2격	des netten Kindes	der netten Leute
3격	dem netten Kind	den netten Leuten
4격	das nette Kind	die netten Leute

Dieses große Haus gehört meinem Onkel.
이 큰 집은 나의 아저씨의 것이다.

■ 부정관사류와 함께 쓰일 때

남성 단수의 1격이 -er, 중성 단수의 1격·4격이 -es가 되는 것 이외는 정관사류와 함께 쓰일 때와 동일합니다.

남성 단수 1격	중성 단수 1격·4격
「한 사람의 친절한 남자」	「한 사람의 친절한 아이」
ein nett-er Mann	ein nett-es Kind

[참고] 이런 경우 부정관사류에는 격어미가 붙지 않기 때문에 그 것을 보충할 수 있도록 형용사에 격어미를 붙이는 것입니다.

	남성	여성
	「한 사람의 친절한 남자」	「그의 아름다운 어머니」
1격	ein netter Mann	seine schöne Mutter
2격	eines netten Mannes	seiner schönen Mutter
3격	einem netten Mann	seiner schönen Mutter
4격	einen netten Mann	seine schöne Mutter

중성	복수
「너의 두꺼운 책」	「그녀의 작은 두 손」
1격 dein dick**es** Buch	ihre klein**en** Hände
2격 deines dick**en** Buches	ihrer klein**en** Hände
3격 deinem dick**en** Buch	ihren klein**en** Händen
4격 dein dick**es** Buch	ihre klein**en** Hände

Sie hat ein hübsch**es** Gesicht.
　그녀는 예쁜 얼굴을 하고 있다.
Ich danke Ihnen für Ihre wertvoll**en** Hinweise.
　나는 당신의 귀중한 지적에 감사합니다.

【주의】 부정관사의 복수, 즉 불특정한 복수를 나타내는 경우의 형용사의 격어미는 다음 무관사의 경우에 준합니다.

2 형용사의 격변화(2)

남 성	여 성
gut**er** Wein 좋은 와인	groß**e** Sorge 큰 걱정
중 성	복 수
kalt**es** Wasser 찬물	nett**e** Leute 친절한 사람들

관사류가 앞에 없을 때는 dies-er에 준하는 격어미(79면 참조)를 붙입니다.

◆ 단, 위에 보기를 든 남성과 중성의 2격에서는 명사에 2격어미 -[e]s가 있기 때문에 형용사쪽에서는 -en이 됩니다.

	남성단수	중성단수
	「좋은 와인」	「찬물」
1격	gut**er** Wein	kalt**es** Wasser
2격	gut**en** Weins	kalt**en** Wassers
3격	gut**em** Wein	kalt**em** Wasser
4격	gut**en** Wein	kalt**es** Wasser

Wir warten auf günstig**en** Wind.
  우리는 순풍을 기다리고 있다.

◆ 여성과 복수일 때는 dieser형과 동일한 격어미를 붙입니다.

	여성단수	복수
	「큰 걱정」	「친절한 사람들」
1격	groß**e** Sorge	nett**e** Leute
2격	groß Sorge	nett Leute
3격	groß**er** Sorge	nett**en** Leuten
4격	groß**e** Sorge	nett**e** Leute

groß**e** Freude über den Sieg
  승리의 큰 기쁨
Er lebt in ständig**er** Furcht.
  그는 끊임없는 공포 속에서 살고 있다.
Die Bäume bekommen schon gelb**e** Blätter.
  나무들은 이미 누런 잎으로 물들어 있다.

3 형용사의 명사적 용법

> Ein **Fremder** steht an der Tür.
> 한 낯선 남자가 문 옆에 서 있다.

 형용사는 첫글자를 대문자로 써서 「…인 사람」「…인 것」과 같은 뜻으로 명사적으로 쓸 수가 있습니다. 격어미는 성·수·격에 따라 부가어적 형용사와 동일하게 변화한 것 (85~87면 참조)을 붙입니다.

◆ 남성·여성·복수는 대개의 경우, 각각 그 형용사의 성질을 갖는「남성·여성·사람들」을 나타냅니다.

	「낯선 남자」	「낯선 여자」
1격	ein Fremder	die Fremde
2격	eines Fremden	der Fremden
3격	einem Fremden	der Fremden
4격	einen Fremden	die Fremde

◆ 중성의 격어미를 붙이는 것은 대개「사물」이나「사물의 상태·성질」을 나타내고, 흔히 etwas, nichts 등과 동격적으로 쓰입니다.

etwas Neues 뭔가 새로운 것
nichts Besonderes 특별한 것은 아무것도 … 없다

연습문제

1 다음 형용사에 어미를 붙이시오. 명사의 어미도 필요한 데는 보충하시오.

A (정관사류 다음에서)
1) der klug____ Mann   2) diese hübsch____ Frau
   des klug____ Mann   dieser hübsch____ Frau
   dem klug____ Mann   dieser hübsch____ Frau
   den klug____ Mann   diese hübsch____ Frau
3) jedes gut____ Kind
   jedes gut____ Kind
   jedem gut____ Kind
   jedes gut____ Kind

B (부정관사류 다음에서)
1) ein schnell____ Auto   2) keine gut____ Arbeit
   eines schnell____ Auto   keiner gut____ Arbeit
   einem schnell____ Auto   keiner gut____ Arbeit
   ein schnell____ Auto   keine gut____ Arbeit
3) ihr neu____ Kleid   4) unsere alt____ Eltern
   ihres neu____ Kleid   unserer alt____ Eltern
   ihrem neu____ Kleid   unseren alt____ Eltern
   ihr neu____ Kleid   unsere alt____ Eltern
5) kein fleißig____ Student 6) ihre lang____ Ferien
   keines fleißig____ Student ihrer lang____ Ferien
   keinem fleißig____ Student ihren lang____ Ferien
   keinen fleißig____ Student ihre lang____ Ferien

제9과 형용사 • 91

C (관사류가 없이)
1) kalt____ Wein   2) kühl____ Bier
   kalt____ Wein   kühl____ Bier
   kalt____ Wein   kühl____ Bier
   kalt____ Wein   kühl____ Bier
3) warm____ Suppe   4) lang____ Ferien
   warm____ Suppe   lang____ Ferien
   warm____ Suppe   lang____ Ferien
   warm____ Suppe   lang____ Ferien

2 다음 문장의 밑줄 친 부분을 보충하시오. 불필요한 곳에는 ×표를 하시오.
  1) Ein neu____ Haus steht vor dem groß____ Baum.
  2) Zu gut____ Kindern ist der lieb____ Nikolaus immer freundlich.
  3) Dies____ klein____ Hund gehört der hübsch____ Tochter eines reich____ Arztes.
  4) Er ist zu all____ Menschen freundlich, vor allem* zu hübsch____ und jung____ Damen.
  5) Jeder gut____ Mensch kommt in den Himmel.

  * vor allem=「특히」

제10과

인칭대명사

1 3격과 4격의 인칭대명사(1)
– 단수 –

	1인칭	2인칭	3인칭		
1격	ich	du	er	sie	es
3격	mir	dir	ihm	ihr	ihm
	나에게	너에게	그에게	그녀에게	그것에
4격	mich	dich	ihn	sie	es
	나를	너를	그를	그녀를	그것을

명사에 격변화가 있듯이 인칭대명사에도 격변화가 있습니다. 단 어형이 변하기 때문에 주의해 주세요.

Niemand hilft **mir**.
    아무도 나를 도와 주지 않는다.
Diese Frage interessiert **mich**.
    이 문제는 나의 흥미를 끈다.
Sie folgt **ihm** heimlich.
    그녀는 남몰래 그의 뒤를 따라간다.

Der Lehrer lobt **ihn.**
선생님은 그를 칭찬하신다.

[주의] 2격형은 현재는 그다지 쓰이지 않기 때문에 생략합니다.

2 3격과 4격의 인칭대명사(2)
- 복수 및 존칭 -

	1인칭	2인칭	3인칭
1격	wir	ihr	sie
3격	**uns** 우리에게	**euch** 너희들에게	**ihnen** 그(녀)들에게, 그것들에게
4격	**uns** 우리들을	**euch** 너희들을	**sie** 그(녀)들을, 그것들을

Key Point 1인칭·2인칭은 3격·4격이 같은 형입니다. 2격형은 단수에서처럼 현재는 보통 쓰이지 않기 때문에 생략합니다.

Morgen besucht **uns**⁴ unsere Tante.
내일 우리들을 아주머니가 방문합니다.

◆ 존칭의 3격·4격은 3인칭 복수에 준합니다만, 언제나 첫글자를 대문자로 쓰며, 단수·복수가 같은 형입니다.

　　　　　　　　 3격　　　　　　　　4격
Sie { 당신이   Ihnen { 당신에게   Sie { 당신을
　　　당신들이　　　　　　　　당신들에게　　　　　당신들을

Wir helfen **Ihnen,** das ist doch selbstverständlich.
우리들은 당신을 돕습니다, 그것은 역시 당연한 일입니다.

❸ 3인칭 인칭대명사의 용법

> Er kauft einen **Ring** und schenkt **ihn** seiner Frau.
> 그는 반지를 사서 그것을 자기 부인에게 선사한다.

3인칭의 인칭대명사는 원래 **명사 대신** 쓰이기를 잘 합니다. 즉 er-ihm-ihn은 남성명사 대신(위의 보기), sie-ihr-sie는 여성명사 대신, es-ihm-es는 중성명사 대신, 그리고 복수인 sie-ihnen-sie는 복수형 명사 대신 쓰이는 것입니다.

◆ 여성명사
Wie gefällt euch **diese Novelle?**
— **Sie** gefällt uns sehr gut.
　이 단편소설을 너희들은 어떻게 생각하느냐? —아주 좋다고 생각한다.

◆ 중성명사
Sie nimmt aus der Tasche **ein Messer** und wirft **es** auf ihn.
그녀는 호주머니에서 칼을 꺼내, 그것을 그를 향해 던진다.

◆ 복수

Hier liegen meine **Kugelschreiber.** Ich gebe **sie** dir.
여기 나의 볼펜들이 있다. 나는 그것들을 너에게 주겠다.

4 daran, davor 등

Am Fenster steht ein **Tisch,** davor ein Sessel.
창 옆에 하나의 테이블이 있으며, 그 앞에 하나의 소파가 있다.

 사물을 나타내는 인칭대명사(3인칭)는 보통 전치사와 나란히 놓아 쓰지 않고, **da-**와 **전치사를 결합시킨**(하나로 한) 형을 씁니다.

vor dem Tisch
⇨ vor ihm
⇨ **davor**

◆ 모음으로 시작되는 전치사는 **dar-**와 결합합니다.

an ⇨ **daran**
auf ⇨ **darauf**
in ⇨ **darin**
unter ⇨ **darunter**

◆ 이런 결합형은 「그것 / 그의 + 전치사」로 번역할 수 있습니다.

Er nimmt die **Taschenlampe** und leuchtet ihr **damit** ins Gesicht.
그는 회중 전등을 집어 그것으로 그녀의 얼굴을 비춘다.

Das **Paket** liegt auf dem Tisch, die Rechnung **daneben**.
소포가 테이블 위에, 청구서가 그 옆에 있습니다.

Er sieht ein **Seil** und greift **danach**.
그는 밧줄을 보고 그것을 잡으려고 손을 뻗친다.

Oben im Koffer liegen die **Oberhemden, darunter** die Anzüge.
트렁크 위쪽에 와이셔츠가, 그 밑에 양복이 들어 있다.

Die **Häuser** stehen frei, **dazwischen** liegen große Gärten.
집들이 여유있게 서 있으며, 그것들 사이에는 큰 정원들이 있다.

5 woran, wovor 등

> **Worauf** warten Sie?
> 무엇을 당신은 기다리고 있습니까?

의문을 나타내는 wo[r]-와 전치사가 융합된 것은 원래는 의문대명사 was와 전치사가 융합한 것입니다.

worauf ⇐ auf + „was"

Woran denkst du? (woran ⇐ an+„was")
무엇을 너는 생각하고 있니?

Wonach suchst du? (wonach ⇐ nach+„was")
무엇을 너는 찾고 있니?

Woneben stellt er den Stuhl? (woneben ⇐ neben +„was")
무엇 옆에다 그는 그 의자를 놓습니까?

Wozwischen liegt der Brief? (wozwischen ⇐ zwischen +„was" und „was")
무엇 사이에 그 편지가 있습니까?

6 재귀대명사

		1인칭	2인칭	3인칭
단수	3격	mir	dir	sich
	4격	mich	dich	sich
복수	3격	uns	euch	sich
	4격	uns	euch	sich

 행위가 주어 자신으로 향해지는 것, 즉 「자기 자신에게／자기 자신을」을 나타낼 때는 재귀대명사를 씁니다. 1인칭·2인칭은 인칭대명사와 같은 형이지만, 3인칭에서만은 특별한 형인 sich(3격·4격이 같음)를 씁니다.

Sie wäscht **sich**⁴ und die Kinder.
그녀는 자신과 아이들의 몸을 씻는다.
Er denkt nur an **sich**⁴ selbst.
그는 자기 자신만을 생각한다.
Ich kaufe **mir** einen Pullover.
나는 (나를 위해) 쉐터를 산다.

[참고] Ich kaufe **dir** einen Pullover.
나는 너에게 쉐터를 사준다.

7 재귀동사

Ich **freue mich** schon auf meinen Urlaub.
나는 지금부터 벌써 휴가를 즐거움으로 삼고 있습니다.

 재귀대명사와 언제나 함께 쓰여서 특별한 뜻을 나타내는 동사가 있습니다.

sich verlieben (서로) 사랑하다
Er verliebt sich oft.
그는 곧잘 연애를 한다.

sich nach ... erkundigen …을 묻는다
　Er erkundigt sich nach dem Weg.
　　그는 길을 묻는다.
sich auf ...⁴ verlassen (믿고) …에게 기대를 걸다
　Ich verlasse mich auf ihn.
　　나는 그에게 기대를 걸고 있다.

[메모] 이것을 재귀동사라 합니다.

8 상호대명사

　　Sie grüßen **sich**⁴. 그들은 서로 인사한다.

Key Point　재귀대명사를 써서 「서로」라는 상호적인 뜻으로 쓸 때가 있습니다. 주어는 원칙적으로 복수입니다.

[3격]　Sie helfen **sich**³ immer.
　　　　그들은 언제나 서로 돕는다.
[4격]　Wir treffen **uns**⁴ heute abend um 8 Uhr.
　　　　우리들은 오늘밤 여덟시에 만납니다.

◆ 문어에서는 einander도 상호대명사로 씁니다.
　Sie lieben **einander**. 그들은 서로 사랑하고 있다.

◆ 전치사와 상호대명사의 결합은 〈전치사＋einander〉의 형이 됩니다.
　Sie denken **aneinander**.
　　그들은 서로의 생각을 하고 있다.

연습문제

① 다음 문장의 밑줄 친 부분이 인칭대명사의 어느 것을 받고 있는지 표시하시오.

보기 : Da läuft ein Hund. Er ist groß.
⇨ Er=der Hund

Ich bin Student. Ein Freund von mir heißt Hans. Er ist auch Student. Er hat eine Freundin. Sie heißt Anna. Sie gehen oft zusammen ins Kino. Ich frage Hans: „Wie gefällt dir Anna?" Er antwortet: „Sie gefällt mir gut. Mit ihr bin ich sehr zufrieden. Sie hilft mir immer."

1) Er =
2) Sie =
3) dir =
4) Er =
5) Sie =
6) ihr =
7) Sie =

② 다음의 각 문장의 밑줄 친 부분을 대명사나 〈da[r]+ 전치사〉 등으로 바꾸어 전체 문장을 다시 쓰시오.

1) Sein Vater kauft dem Sohn ein Auto. Der Sohn fährt mit dem Auto nach Seoul.

2) An der Tür steht ein Tisch, vor dem Tisch ein Sessel.

_____

3) Das Buch liegt nicht auf dem Tisch, auch nicht unter dem Tisch, und auch nicht neben dem Tisch.

_____

3 다음의 ①과 ②의 문장은 그 뜻이 어떻게 다릅니까?
1) ① An wen denkst du?
   ② Woran denkst du?
2) ① Auf wen warten Sie?
   ② Worauf warten Sie?
3) ① Er wäscht ihm die Hände.
   ② Er wäscht sich die Hände.
4) ① Sie helfen sich immer.
   ② Sie helfen ihnen immer.

4 다음 문장을 번역하시오.
1) Er verliebt sich nicht.
2) Ein Mann erkundigt sich nach dem Weg zum Bahnhof.
3) Bei dieser Arbeit verlasse ich mich auf niemand.
4) Benehmen Sie sich!
5) Auf den Stuhl setzt sich mein Vater.

제 11 과

복합동사

1 분리동사

> 부정사 ankommen 도착하다
> 그는, ___, 오늘, 도착합니다
> Er, ___, heute, **an** kommen
>
> Er kommt heute **an.**
> 　제2위　　　 문장의 끝

Key Point 위의 표와 같이 문장중에서 기초동사 부분과 전철(진한 부분)이 분리하는 동사가 있습니다.

◆ 분리하는 전철을 **분리전철**, 분리전철이 있는 **동사를 분리동사**라 합니다. 분리전철은 부정형일 때 반드시 악센트를 가지며, 사전 등에서는 분리를 표시하기 위해, 종선을 넣기도 합니다.
예를 들면

　　　　an | kommen

◆ 분리전철은 위의 보기처럼 반드시 문장 끝에 놓입니다. 의문문일 때도 기초동사와 분리전철은 분리됩니다.

Kommt er heute **an**?
그는 오늘 도착합니까?

◆ 불규칙하게 인칭변화하는 동사를 기초어로 하는 분리동사는 역시 그 기초어가 불규칙하게 인칭변화합니다.

ab | fahren 출발하다

> Ich **fahre** morgen **ab**.   Wir **fahren** morgen **ab**.
> 나는 내일 출발한다.   우리들은 내일 출발한다.
> Du **fährst** morgen **ab**. Ihr **fahrt** morgen **ab**.
> 너는 내일 출발한다.   너희들은 내일 출발한다.
> Er **fährt** morgen **ab**.   Sie **fahren** morgen **ab**.
> 그는 내일 출발한다.   그들은 내일 출발한다.

Er **gibt** seinen Plan endgültig **auf**.
그는 그의 계획을 결국 단념한다.
(gibt ... auf < auf | geben)
Wie **spricht** man dieses Wort **aus**?
어떻게 이 낱말을 발음합니까?
(spricht ... aus < aus | sprechen)
Sie **lädt** ihn zum Essen **ein**.
그녀는 그를 식사에 초대한다.
(lädt ... ein < ein | laden)

《주요 분리전철》

auf–: aufstehen
  Er steht jeden Tag um 6 Uhr auf.
  그는 매일 아침 여섯 시에 기상한다.

aus–: ausgehen
  Die Eltern gehen aus.
  양친은 외출한다.

ein–: einladen
  Ich lade ihn zum Essen ein.
  나는 그를 식사에 초대한다.

mit–: mitbringen
  Er bringt meiner Tochter Blumen mit.
  그는 나의 딸에게 꽃을 가지고 온다.

nach–: nachschlagen
  Er schlägt im Wörterbuch nach.
  그는 사전에서 찾는다.

vor–: vorhaben
  Was haben Sie heute vor?
  오늘 무슨 계획이 있으십니까?

zu–: zumachen
  Ich mache die Tür zu.
  나는 문을 닫는다.

2 비분리동사

> be**suchen** 방문하다
> Er **besucht** seinen Freund.
> 그는 그의 친구를 방문한다.

 전철 중에는 위의 보기의 **be-**처럼 분리하지 않는 것도 있습니다.

분리하지 않는 전철을 **비분리 전철**, 비분리 전철이 있는 동사를 **비분리동사**라 합니다.

◆ 비분리 전철에는 악센트가 없습니다.

  *ent*flíehen 도망치다
  *ver*stécken (사람/사물을) 숨기다

◆ 불규칙하게 인칭변화하는 동사를 기초부분으로 하는 비분리동사는 역시 기초부분을 불규칙하게 인칭변화합니다.
*er*fahren 들어서 알다

ich erfahre	wir erfahren
du **erfährst**	ihr erfahrt
er **erfährt**	sie erfahren

Seine Darstellung *ent*spricht der Wahrheit.
 그의 묘사는 사실과 일치하고 있다.
Wann *er*fahren wir das Ergebnis?
 언제 우리들은 그 결과를 알게 될까요?

Wir **ver bringen** unseren Urlaub bei unseren Eltern.
우리들은 휴가를 부모님한테서 보냅니다.

【메모】 이 절(節)의 비분리동사와 앞의 절에 분리동사를 합쳐 **복합동사**라 합니다.

《비분리전철 일람표》

be–: besuchen
　　　Er besucht seine Freunde.
　　　　그는 그의 친구들을 방문한다.
emp–: empfehlen
　　　Er empfiehlt dem Freund seinen Hausarzt.
　　　　그는 친구에게 자기의 가정의를 추천한다.
ent–: entfliehen
　　　Er entflieht nach England.
　　　　그는 영국으로 도망친다.
er–: erfüllen
　　　Er erfüllt sein Versprechen.
　　　　그는 약속을 지킨다.
ge–: gehören
　　　Das Haus gehört mir.
　　　　그 집은 나의 것이다.
ver–: verlieren
　　　Sie verliert einen Ring.
　　　　그녀는 반지를 잃는다.
zer–: zerreißen
　　　Er zerreißt einen Brief.
　　　　그는 편지를 찢는다.

3 분리·비분리 동사

durchfahren (ㄱ) 분리적 용법(전철에 악센트가 있음)
　　　　　　Der Bus **fährt durch.**
　　　　　　　버스가 통과한다.
　　　　　(ㄴ) 비분리적 용법(기초동사에 악센트가 있음)
　　　　　　Sie **durchfährt** ein Tal.
　　　　　　　그녀는 골짜기를 통과한다.

Key Point　전철 중에는 분리하기도 하고 비분리하기도 하는 것이 있습니다.

◆ 이러한 전철을 **분리·비분리 전철**, 그 동사를 **분리·비분리 동사**라 합니다.
　umgehen (ㄱ) Das Gerücht **geht um.**
　　　　　　　　소문이 퍼진다.
　　　　　(ㄴ) Er **umgeht** die Innenstadt.
　　　　　　　　그는 시가지를 우회한다.

연습문제

1 다음 문장에 분리동사가 있으면 그 전철에 ○표 하시오.
1) Er fliegt morgen von Kimpo ab.
2) Das Sportfest findet morgen statt.
3) Ich lese die Zeitung statt des Buches.
4) Ich warte auf ihn.
5) Hören Sie schon auf?
6) Über Goethe spricht er heute.
7) Er setzt uns mit der Fähre über.

2 다음 낱말 중에서 언제나 비분리하는 것에는 ×표를, 언제나 분리하는 것에는 ○표를, 분리·비분리하는 것에는 △표를 각각 하시오.
abfahren   befahren   mitfahren   durchfahren
wiederholen   überstehen   vergehen   erfahren
übersetzen   stattfinden   umfahren   umgehen

3 ( ) 안의 주어진 동사를 써서 독일어로 번역하시오.
1) 그는 그녀를 식사에 초대합니다(einladen).
2) 이 낱말은(Wort) 어떻게 발음합니까(aussprechen)?
3) 아주머니는 우리들에게 주시려고 케이크(Kuchen)를 가지고 오신다(mitbringen).

제12과

과거시제

1 과거형 만드는 법 (1)

> 어간 + –te
> lach–en 웃다 ⇨ lach–te 웃었다

Key Point 많은 동사는 어간에 -te를 붙여서 과거형 (1인칭·3인칭 단수)을 만듭니다.

frag–en	묻다	⇨ **frag–te**
koch–en	요리하다	⇨ **koch–te**
lieb–en	사랑하다	⇨ **lieb–te**
such–en	찾다	⇨ **such–te**
kauf–en	사다	⇨ **kauf–te**

[메모] 이런 종류의 동사를 약변화동사라고 하기도 합니다.

2 과거형 만드는 법 (2)

> 부정사   과거형
> 어간 + e-te
> wart–en 기다리다 ⇨ **wart–e–te**

| Key Point | 어간이 **-t, -d, -ffn, -chn, -tm**으로 끝나는 동사는 어간에 **-e-te**를 붙여서 과거형(1인칭·3인칭단수)을 만듭니다. |

heirat–en   결혼하다   ⇨ **heirat–e–te**
bad–en   목욕하다   ⇨ **bad–e–te**
öffn–en   열다   ⇨ **öffn–e–te**
rechn–en   계산하다   ⇨ **rechn–e–te**
atm–en   숨쉬다   ⇨ **atm–e–te**

【메모】 이것도 약변화동사의 일종입니다. -te 앞에 들어간 e 는, 발음상의 **e**라 합니다(69면 참조).

3 과거형 만드는 법(3)

부정사	과거형
sprechen 말하다 ⇨	**sprach** 말했다

| Key Point | 일부의 동사(다 중요한 동사입니다)는 어간 모음을 바꾸어 과거형(1인칭·3인칭 단수)을 만듭니다. |

fahr–en   (탈것으로) 가다   ⇨ **fuhr**
geh–en   가다   ⇨ **ging**
komm–en   오다   ⇨ **kam**
schlaf–en 잠자다   ⇨ **schlief**
schreib–en 쓰다   ⇨ **schrieb**
trink–en 마시다   ⇨ **trank**

【메모】 이런 종류의 동사를 모음이 심하게 변한다는 뜻에서 강변화동사라고 할 때가 있습니다. 책 끝의 「불규칙동사 변화표」를 참조.

4 과거형 만드는 법 (4)

부정사 　　　　　　　과거형
bringen 가지고 오다 ⇨ **brachte** 가지고 왔다

Key Point 극히 일부의 동사는 어간모음을 바꾼 다음에, -te를 붙여서 과거형(1인칭·3인칭 단수)를 만듭니다.

denk–en 생각하다 　⇨ **dach–te**
kenn–en 알고 있다 　⇨ **kann–te**
wiss–en 알고 있다 　⇨ **wuß–te**

kennen (구체적인 접촉을 통해서) 체험적으로 알고 있다.
　Ich **kenne** den Weg.
　　나는 그 길을 (가본 적이 있어) 알고 있다.
wissen (견문 등에 의해) 지식으로 알고 있다.
　Ich **weiß** den Weg.
　　나는 (어떻게 가면 되는지) 그 길을 알고 있다.

【메모】 이런 종류의 동사를 혼합변화동사라 하기도 합니다. 책 끝의 「불규칙동사 변화표」를 참조.

5 복합동사의 과거형

```
ab | fahren 출발하다    ⇨ fuhr ... ab
       fuhr
erfahren 들어서 알다    ⇨ erfuhr
```

복합동사(분리동사와 비분리동사)의 과거형(1인칭·3인칭 단수)은 전철이 분리하느냐 분리하지 않느냐에 관계없이, 기초부분의 동사(위의 보기에서 이탤릭체 부분)를 과거형으로 하여 만듭니다.

```
{ an | kommen    도착하다      ⇨ kam ... an
{ bekommen       받다          ⇨ bekam
{ an | sprechen  말을 걸다     ⇨ sprach ... an
{ entsprechen    대응하다      ⇨ entsprach
{ vor | schlagen 제안하다      ⇨ schlug ... vor
{ erschlagen     때려 죽이다   ⇨ erschlug
```

6 과거시제의 인칭변화

```
ich ──          wir ──[e]n
du ──st         ihr ──t
er ──           sie ──[e]n
```

Key Point 과거시제의 인칭변화는 이 과의 ①부터 ⑤에서 익힌 과거형에 위의 도표의 인칭어미를 붙여서 만듭니다 (1인칭·3인칭 단수는 그대로입니다).

◆ 1인칭·3인칭 복수의 인칭어미는, 과거형(1인칭·3인칭 단수형)을 〈어간+·te〉로 만드는 동사의 경우에는 다만 **-n**이 되며, 어간모음이 바꾸어지기만 해서 되는 동사의 경우에는 **-en**이 됩니다.

weinen 울다 ⇨ wein–**te** 울었다

ich wein–**te**	wir wein–**te–n**
du wein–**te–st**	ihr wein–**te–t**
er wein–**te**	sie wein–**te–n**

kommen 오다 ⇨ **kam** 왔다

ich **kam**	wir **kam–en**
du **kam–st**	ihr **kam–t**
er **kam**	sie **kam–en**

Er **weinte** vor Freude.
그는 기뻐서 울었다.

Alle Kollegen **lachten** über ihn.
모든 동료가 그를 비웃었다.

Sie **trank** ein Bier in einem Zug.
그녀는 한잔의 맥주를 단숨에 마셨다.

Sie **kamen** zusammen mit dem Wagen.
그들은 함께 자동차로 왔다.
Er **kam** gestern abend in Bonn **an.**
그는 어젯밤 본에 도착했다.
Er **bekam** gestern einen Brief.
그는 어제 편지를 받았다.

연습문제

1 다음 문장을 과거시제로 바꾸시오.

1) Er fragt mich nach dem Weg zur Kirche.

2) Er wartet noch auf die Freunde.

3) Sie rechnet sicher mit dem Erfolg.

4) Ich fahre mit dem Auto zur Uni.

5) Das Kind schläft bald ein.

6) Kennst du dieses Mädchen?

7) Das weiß ich schon.

8) 100 Mark bekomme ich dafür.

 과거시제의 인칭변화는 이 과의 [1] 부터 [5] 에서 익힌 과거형에 위의 도표의 인칭어미를 붙여서 만듭니다 (1인칭 · 3인칭 단수는 그대로입니다).

◆ 1인칭·3인칭 복수의 인칭어미는, 과거형(1인칭·3인칭 단수형)을 〈어간+-te〉로 만드는 동사의 경우에는 다만 -n이 되며, 어간모음이 바꾸어지기만 해서 되는 동사의 경우에는 -en 이 됩니다.

weinen 울다　　　　　⇨ wein–te 울었다

ich wein–te	wir wein–te–n
du wein–te–st	ihr wein–te–t
er wein–te	sie wein–te–n

kommen 오다　　　　　⇨ kam 왔다

ich kam	wir kam–en
du kam–st	ihr kam–t
er kam	sie kam–en

Er **weinte** vor Freude.
　그는 기뻐서 울었다.
Alle Kollegen **lachten** über ihn.
　모든 동료가 그를 비웃었다.
Sie **trank** ein Bier in einem Zug.
　그녀는 한잔의 맥주를 단숨에 마셨다.

Sie **kamen** zusammen mit dem Wagen.
그들은 함께 자동차로 왔다.

Er **kam** gestern abend in Bonn **an**.
그는 어젯밤 본에 도착했다.

Er **bekam** gestern einen Brief.
그는 어제 편지를 받았다.

연습문제

1 다음 문장을 과거시제로 바꾸시오.

1) Er fragt mich nach dem Weg zur Kirche.
   _____

2) Er wartet noch auf die Freunde.
   _____

3) Sie rechnet sicher mit dem Erfolg.
   _____

4) Ich fahre mit dem Auto zur Uni.
   _____

5) Das Kind schläft bald ein.
   _____

6) Kennst du dieses Mädchen?
   _____

7) Das weiß ich schon.
   _____

8) 100 Mark bekomme ich dafür.
   _____

제12과 과거시제 ● 115

② 문 1의 5)와 6)을 제외한 문장의 주어를 복수로 하여 과거형으로 바꾸시오.

1) → _____
2) → _____
3) → _____
4) → _____
7) → _____
8) → _____

제13과

과거분사

1 과거분사 만드는 법 (1)

부정사	과거형	과거분사
		ge-+어간+-t
wein-en 울다	(⇨wein-te)	⇨ **ge-wein-t**

Key Point 많은 동사는 어간에 ge-와 -t를 붙여서 과거분사를 만듭니다.

fragen	질문하다	(⇨ fragte)	⇨ **ge-frag-t**
kochen	요리하다	(⇨ kochte)	⇨ **ge-koch-t**
lieben	사랑하다	(⇨ liebte)	⇨ **ge-lieb-t**
suchen	찾다	(⇨ suchte)	⇨ **ge-such-t**

[메모] 부정사와 과거형(1인칭·3인칭 단수)과, 이 과거분사형을 **3기본형**이라 합니다.

[주의] 부정사―과거형―과거분사를 몇 번이고 계속 소리내어 읽고, 반드시 외우도록 하세요.

2 과거분사 만드는 법(2)

부정사		과거형		과거분사
sprechen 이야기하다	⇨	sprach	⇨	**gesprochen**

Key Point

어간모음을 변화시켜 과거형을 만드는 강변화동사(110면)는 (어간모음을 바꿀 것은 바꾸고) ge-＋어간＋-en으로 과거분사를 만듭니다.

fahren	가다	(⇨	fuhr)	⇨	**ge–fahr–en**
gehen	가다	(⇨	ging)	⇨	**ge–gang–en**
kommen	오다	(⇨	kam)	⇨	**ge–komm–en**
schlafen	잠자다	(⇨	schlief)	⇨	**ge–schlaf–en**
schreiben	쓰다	(⇨	schrieb)	⇨	**ge–schrieb–en**
trinken	마시다	(⇨	trank)	⇨	**ge–trunk–en**

3 과거분사 만드는 법(3)

부정사		과거형		과거분사
bringen 가지고 오다	(⇨	brach–te)	⇨	**gebracht**

Key Point

어간모음을 바꾸고, 또한 -te를 붙여서 과거분사를 만드는 혼합변화동사(111면)는 어간모음을 바꾸고, ge-＋어간＋-t로 과거분사를 만듭니다.

brennen	타다	(⇨ brannte)	⇨ **gebrannt**
denken	생각하다	(⇨ dachte)	⇨ **gedacht**
kennen	알고 있다	(⇨ kannte)	⇨ **gekannt**
nennen	이름 짓다	(⇨ nannte)	⇨ **genannt**
rennen	달리다	(⇨ rannte)	⇨ **gerannt**
wissen	알고 있다	(⇨ wußte)	⇨ **gewußt**

4 외래어의 과거분사

부정사		과거형	과거분사
studieren	대학에서 공부하다	(⇨ studierte)	⇨ **studiert**

Key Point -ieren 및 -eien으로 끝나는 외래어는 ge-를 붙이지 않고 과거분사를 만듭니다.

akzeptieren	받아들이다	⇨	**akzeptier-t**
analysieren	분석하다	⇨	**analysier-t**
informieren	알리다	⇨	**informier-t**
diskutieren	토론하다	⇨	**diskutier-t**
operieren	수술하다	⇨	**operier-t**
prophezeien	예언하다	⇨	**prophezei-t**

5 복합동사의 과거분사

부정사	과거분사
auf	suchen 만나러 가다	⇨ **auf–ge–sucht**
ab	fahren 출발하다	⇨ **ab–ge–fahren**
*be*suchen 방문하다	⇨ **be–sucht**
*ver*stehen 이해하다	⇨ **ver–standen**

복합동사의 과거분사는 분리동사의 경우와 비분리동사의 경우에는 만드는 법이 다릅니다.

◆ 분리동사의 경우는, 기초동사의 과거분사형 앞에 전철을 붙여 만듭니다.

◆ 비분리동사의 경우는 기초동사의 과거분사형에서 ge-를 제거한 것에 전철을 붙여 만듭니다.

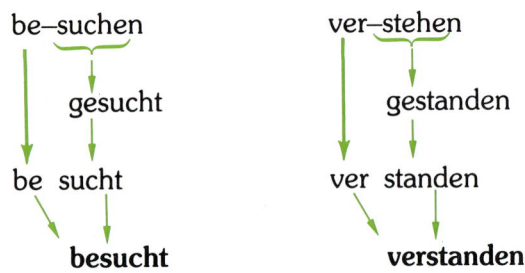

◆ 몇 가지 예를 들어보겠습니다.

an | kommen 도착하다 ⇨ **angekommen**
vor | stellen 소개하다 ⇨ **vorgestellt**
verstecken 감추다 ⇨ **versteckt**
entfliehen 도망가다 ⇨ **entflohen**
unterbrechen 중단하다 ⇨ **unterbrochen**
unter | gehen (배 등이) 가라앉다 · ⇨ **untergegangen**

연습문제

1 다음의 3기본형을 완성하고 대표적인 뜻을 써 넣으시오.

부정사	과거형	과거분사	뜻
1) _____	sprach	_____	_____
2) gefallen	_____	_____	_____
3) fallen	_____	_____	_____
4) auffallen	_____	_____	_____

5) _____	studierte	_____	_____
6) _____	fuhr ... ab	_____	_____
7) suchen		_____	_____
8) besuchen		_____	_____
9) aufsuchen		_____	_____
10) _____	war	_____	_____

2 다음 문장을 (   ) 안의 말을 주어로 하여 바꾸어 쓰시오.
  1) Ich war noch jung. (du, er, wir)
  2) Er kam bei mir gut an. (du, ihr, sie 그녀는)
  3) Du hattest kein Geld. (ich, er, wir)
  4) Ich wurde plötzlich ganz schwach.
                           (du, er, ihr)
  5) Wir hatten noch Mut. (ich, ihr, Sie)
  6) Sie brachte mir Brot mit. (er, du, ihr)
  7) Das akzeptierte niemand. (ich, du, wir)
  8) Mutter kochte gern. (ich, sein Sohn, wir)

제14과

sein · haben · werden의 기본형

1 sein의 3기본형과 과거인칭변화

부정사	과거형	과거분사
sein —	**war** —	**gewesen**

 sein은 서로 다른 어간으로 3기본형을 만듭니다.

◆ 과거시제에서는 다음과 같이 인칭변화합니다(인칭변화는 112~113면 참조).

Ich	**war**	faul.	나는 게을렀었다.
Du	**war**st	fleißig.	너는 부지런했다.
Er	**war**	krank.	그는 병에 걸렸다.
Wir	**war**en	gesund.	우리들은 건강했었다.
Ihr	**war**t	reich.	너희들은 부자였다.
Sie	**war**en	arm.	그들은 가난했다.

제14과 Sein·haben·werden의 기본형 ● 123

[참고] 이 과에서 다루는 sein, haben, werden의 3기본형과 그 인칭변화는 매우 중요한 것이니까 꼭 외우도록 하세요.

2 haben의 3기본형과 과거인칭변화

부정사	과거형	과거분사
haben —	hatte —	gehabt

Key Point haben은 과거형이 약간 불규칙하게 변합니다.

◆ 과거시제에서는 다음과 같이 인칭변화합니다.

Ich	**hatte**	kein Geld.	나는 돈을 가지고 있지 않았다.
Du	**hattest**	keine Zeit.	너는 시간이 없었다.
Er	**hatte**	keine Angst.	그는 걱정하고 있지 않았다.
Wir	**hatten**	keinen Hunger.	우리들은 배고프지 않았다.
Ihr	**hattet**	keinen Mut.	너희들은 용기가 없었다.
Sie	**hatten**	keinen Durst.	그들은 목이 마르지 않았다.

3 werden의 3기본형과 과거인칭변화

부정사	과거형	과거분사
werden —	wurde —	geworden

 werden은 아주 불규칙한 변화를 합니다.

◆ 과거시제에서는 다음과 같은 인칭변화를 합니다.

Ich	**wurde**	krank.	나는 병에 걸렸다.
Du	**wurdest**	gesund.	너는 건강해졌다.
Er	**wurde**	alt.	그는 늙은이가 되었다.
Wir	**wurden**	müde.	우리들은 지쳤다.
Ihr	**wurdet**	reich.	너희들은 부자가 되었다.
Sie	**wurden**	arm.	그들은 가난해졌다.

제15과

복합시제

1 현재완료형(1)

> Ich **habe** gestern mit ihr **getanzt**.
> 나는 어제 그녀와 춤을 추었다.

Key Point 본동사의 과거분사와 haben을 연결시킨 것을 **완료부정사**라 합니다. (이에 비해 지금까지 익혀온 부정사를 「단순 부정사」라고 하기도 합니다.)

단순부정사 : (예를 들면) tanzen
완료부정사 : (예를 들면) getanzt haben

◆ 현재완료형은 완료부정사를 기초로, haben을 정형(현재 인칭변화한 형)으로 해서 만듭니다.

```
나는,    어제,    그녀와,    춤을 추었습니다
Ich, (제2위), gestern, mit ihr, getanzt haben
```

Ich habe gestern mit ihr getanzt.
따라서 과거분사가 문장 끝에 놓이게 됩니다.

◆ 현재완료형 일람

Ich	**habe**	ein Buch	**gekauft.**	나는 책을 샀다.
Du	**hast**	einen Mantel	**gekauft.**	너는 외투를 샀다.
Er	**hat**	eine Uhr	**gekauft.**	그는 시계를 샀다.
Wir	**haben**	einen Wagen	**verkauft.**	우리는 차를 팔았다.
Ihr	**habt**	ein Haus	**verkauft.**	너희들은 집을 팔았다.
Sie	**haben**	eine Wohnung	**verkauft.**	그들은 아파트를 팔았다.

◆ 독일어에서는 현재완료형 문장에서도 gestern 「어제」, vor ein paar Jahren 「몇 년 전에」와 같이 과거의 한 시점을 나타내는 부사(구)를 쓸 수가 있습니다.

Er **hat** schon vor drei Jahren **geheiratet.**
그는 이미 3년 전에 결혼했다.

[주의] 일상 회화에서는 과거에 있었던 일을 말할 때, 보통 과거형이 아니라 현재완료형을 씁니다.

2 현재완료형 (2)

Gestern **ist** er mit ihr nach Bonn **abgefahren.**
어제 그는 그녀와 본으로 출발했다.

 자동사의 일부는 haben이 아니라 **sein**과 결합해서 완료형을 만듭니다. 완료부정사도 sein에 의해 만듭니다.

◆ 그것들은 다음의 세 그룹으로 나눌 수 있습니다.

① 장소의 이동을 나타내는 동사

예를 들면 gehen, kommen 등

Meine Tochter **ist** in die Stadt **gegangen**.
나의 딸은 시내로 갔다.

Meine Eltern **sind** vor einer Stunde **gekommen**.
나의 부모님은 한 시간 전에 오셨다.

Herr Müller **ist** sehr vorsichtig **gefahren**.
뮐러 씨는 아주 조심스럽게 운전하였다.

② 상태의 변화를 나타내는 동사

예를 들면 werden, sterben 등

Er **ist** an einem Herzanfall **gestorben**.
그는 심장 발작으로 죽었다.

Er **ist** ein berühmter Politiker **geworden**.
그는 유명한 정치가가 되었다.

Das Eis **ist** in der Sonne **geschmolzen**.
얼음이 햇볕에 녹았다.

③ 기타 예를 들면 sein, bleiben

Er **ist** damals noch reich **gewesen**.
그는 그 당시엔 아직 부자였다.

Ich **bin** ihm erst kürzlich **begegnet**.
나는 그를 바로 최근에 만났다.

【메모】 이러한 동사를 sein 지배동사라 하며, 사전에서는 (s) 등의 기호로 표시됩니다. 이와는 달리 ①(125면)의 동사는 haben 지배동사라 하며, 사전 등에서는 (h) 등의 기호로 표시됩니다. 타동사는 반드시 haben 지배입니다.

3 두 가지 완료형을 갖는 동사

> Er **ist** ans andere Ufer **geschwommen**.
> 그는 다른 쪽 물가까지 헤엄쳐 갔다.
> Er **hat** drei Stunden **geschwommen**.
> 그는 세 시간 동안 수영했다.

 일부의 동사는 장소의 이동을 나타낼 때는 sein에 의해 완료형을 만들며, 행위 그 자체를 나타낼 때는 haben에 의해 완료형을 만듭니다.

① 행위 그 자체를 나타낼 때

Er **hat** gestern nur mit ihr **getanzt**.
그는 어제 그녀하고만 춤추었다.

② 이동해 가는 것을 나타낼 때

Sie **sind** quer durch den Saal **getanzt**.
그들은 홀을 춤추며 가로질러 갔다.

◆ 비슷한 예 : segeln 「돛을 달고 항해하다」, rudern 「노를 젓다」 등.

[메모] 이러한 동사는 사전 등에서 (h, s) 등으로 표시합니다.

4 과거완료형(1)

John war glücklich, denn er **hatte** die Prüfung **bestanden.**
존은 행복했다, 왜냐하면 그는 시험에 합격했었기 때문이다.

 과거완료형은 위의 보기처럼 본동사의 과거분사와 haben의 과거(인칭변화)형에 의해 만듭니다(조동사 sein에 의해 현재완료형을 만드는 동사에 관해서는 다음 절 참조).

Ich	**hatte**	einen Mantel	**gekauft.**	나는 외투를 샀다.
Du	**hattest**	ein Buch	**gekauft.**	너는 책을 샀다.
Er	**hatte**	eine Uhr	**gekauft.**	그는 시계를 샀다.
Wir	**hatten**	einen Wagen	**verkauft.**	우리들은 차를 팔았다.
Ihr	**hattet**	ein Haus	**verkauft.**	너희들은 집을 팔았다.
Sie	**hatten**	eine Wohnung	**verkauft.**	그들은 아파트를 팔았다.

5 과거완료형(2)

Er war nicht zu Hause. Er **war** schon **abgefahren.**
그는 집에 없었다. 그는 이미 출발했었다.

Key Point sein에 의해 완료부정사를 만드는 동사 (126~127면 참조)는 과거분사와 **sein**의 과거 (인칭변화)형을 결부시켜 과거완료형을 만듭니다.

Ich	**war**	traurig	**gewesen.**	나는 슬펐었다.
Du	**warst**	glücklich	**gewesen.**	너는 행복했었다.
Er	**war**	reich	**gewesen.**	그는 부자였었다.
Wir	**waren**	arm	**gewesen.**	우리들은 가난했었다.
Ihr	**wart**	krank	**gewesen.**	너희들은 병에 걸렸었다.
Sie	**waren**	gesund	**gewesen.**	그들은 건강했었다.

6 미래형

Er **wird** bald kommen.
그는 곧 올 것이다.

Key Point 미래형은 (단순)**부정사**와 **werden**의 정형을 결합시켜 만듭니다. (단순)부정사는 문장 끝에 둡니다.

Ich	**werde**	den Mantel	**kaufen.**	나는 그 외투를 살 것입니다.
Du	**wirst**	das Buch	**kaufen.**	너는 그 책을 살 것입니다.
Er	**wird**	die Uhr	**kaufen.**	그는 그 시계를 살 것입니다.
Wir	**werden**	den Wagen	**kaufen.**	우리들은 그 차를 살 것입니다.
Ihr	**werdet**	das Haus	**kaufen.**	너희들은 그 집을 살 것입니다.
Sie	**werden**	die Wohnung	**kaufen.**	그들은 그 아파트를 살 것입니다.

7 미래완료형

> Bis morgen **wird** er den Brief **geschrieben haben.**
> 내일까지 그는 그 편지를 다 썼을 것이다.

Key Point　미래완료형은 **완료부정사**와 **werden**의 정형을 결부시켜 만듭니다.

◆ 조동사 haben에 의해서 완료형을 만드는 동사의 경우, 완료부정사는 〈과거분사＋haben〉이 되지만(위의 보기 참조), 조동사 sein에 의해 완료형을 만드는 동사일 경우, 〈과거분사＋sein〉이 됩니다.

Morgen wird er nach Deutschland abgefahren sein.
내일 그는 독일로 떠나버렸을 것입니다.

◆ 미래완료의 인칭변화

　　ich　werde
　　du　wirst
　　er　wird　……과거분사＋haben / sein
　　wir　werden
　　ihr　werdet
　　sie　werden

8 시제의 용법

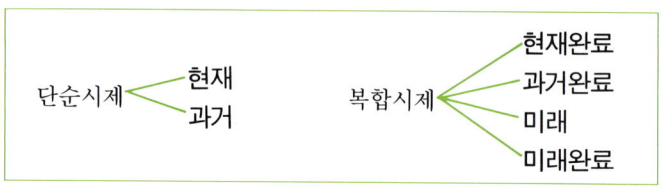

■ 현재시제

1 현재의 일을 표현한다.

Meine Tochter studiert jetzt in Köln.
나의 딸은 지금 쾰른에서 (대학)공부를 하고 있습니다.

2 미래의 일을 표현한다.

Er kommt bald zurück.
그는 머지않아 되돌아옵니다.

3 역사적 사건으로서의 과거의 일을 표현한다.

1939* beginnt der zweite Weltkrieg.
1939*년에 제2차 세계대전이 시작되었다.

* 「neunzehnhundertneununddreißig」로 읽으며, 그대로 「1939년에」의 뜻이 됩니다.

4 보편적인 일을 표현한다.

Die Erde bewegt sich um die Sonne.
지구는 태양의 주위를 돈다.

■ 과거시제

　　과거의 일을 표현한다(보통, 이야기로 과거의 사건을 표현할 경우, 현재완료형이 아니라, 과거시제를 씁니다).
Er wartete auf sie. 그는 그녀를 기다렸다.

■ 현재완료시제

　　① 과거의 일을 표현한다.
Er hat das Buch gekauft. 그는 그 책을 샀다.
Er ist gestern abgefahren. 그는 어제 출발했다.

　　② 어느 일정한 미래의 시점에서 완료되어 있으리라고 생각되는 일을 표현한다(미래의 시점을 나타내는 부사류가 반드시 필요하다).
Bis Sonntag hat er es geschafft.
　　일요일까지 그는 다 끝낼 것입니다.

■ 과거완료시제

　　어느 과거의 일보다 더 앞서 일어난 일을 표현한다.
Als er kam, hatten sie die Arbeit schon beendet.
　　그가 왔을 때, 그들은 일을 다 끝마쳤었다.

[참고] 위의 예문에서 「그가 온」것에 앞선 시점에서 「일은 다 끝나 있었기」때문에 과거완료가 쓰여져 있는 것입니다.

■ 미래시제

1 미래의 일을 표현한다.

Wir werden bald das Resultat erfahren.
　우리들은 머지않아 그 결과를 알게 되겠지요.

【주의】 미래의 일이라도 그것이 확실히 일어날 것이면 현재 시제를 씁니다(현재시제 **2** 참조).

Nächsten Freitag hat er den vierzigsten Geburtstag.
　다음 금요일에 그는 40세의 생일을 맞이할 것입니다.

2 현재의 일에 관한 추측을 표현한다.

Er wird wohl zu Hause sein.
　그는 아마 집에 있을 것입니다.

【주의】 주어가 2인칭일 경우, 보통 「명령」을 표현합니다.

Du wirst jetzt zu Bett gehen.
　너는 이제 자야지!

■ 미래완료시제

1 미래의 어느 시점에서 끝나 있을 것으로 추측되는 일을 표현한다.

Morgen wird er die Arbeit beendet haben.
　내일 그는 그 일을 다 끝내 놓을 것입니다.

2 과거의 일에 관한 추측을 표현한다.

Er wird gestern die Arbeit beendet haben.
　그는 어제 그 일을 다 끝냈있을 것입니다.

연습문제

1 주어진 부정사구를 써서 (   ) 안의 주어를 활용하여 현재완료형으로 써 보시오.
   1) auf den Mann die ganze Zeit warten (ich, ihr)
   2) nach Seoul fahren (ich, du)
   3) von Kimpo nach Frankfurt abfliegen (mein Vater, wir)
   4) einen neuen Wagen kaufen (du, er)
   5) Arzt werden (ich, du)
   6) an Lungenkrebs sterben (er, diese Raucher)
   7) im Bodensee 3 Stunden schwimmen (ich, das Mädchen)
   8) 3 Stück Kuchen essen (ich, du)

2 ①의 문장에서 ②의 문장 내용이 성립되면 ○표를, 성립되지 않으면 ×표를 하시오.
   1) ① Er ist nach Deutschland geflogen.
      ② Er ist also jetzt nicht mehr in Korea.
      답 _____
   2) ① Er hat damals Anna sehr geliebt.
      ② Er liebt Anna nicht mehr.
      답 _____
   3) ① Mein Onkel ist reich gewesen.
      ② Er ist jetzt nicht mehr reich.
      답 _____

제16과

화법조동사

1 화법조동사 (1)

— 인칭변화 —

können	…할 수 있다
dürfen	…해도 괜찮다
müssen	…해야 한다
sollen	…해야 마땅하다
wollen	…하고 싶다
mögen	…일지도 모르겠다

Key Point 화법조동사는 단수에서(sollen은 제외) 어간 모음을 바꾸어서 인칭변화를 합니다. ich 와 er가 같은 형입니다.

⟨ können ⟩

ich	kann	wir	können
du	kannst	ihr	könnt
er	kann	sie	können

⟨ **dürfen** ⟩

ich **darf**	wir **dürfen**
du **darfst**	ihr **dürft**
er **darf**	sie **dürfen**

⟨ **wollen** ⟩

ich **will**	wir **wollen**
du **willst**	ihr **wollt**
er **will**	sie **wollen**

⟨ **sollen** ⟩

ich **soll**	wir **sollen**
du **sollst**	ihr **sollt**
er **soll**	sie **sollen**

⟨ **müssen** ⟩

ich **muß**	wir **müssen**
du **mußt**	ihr **müßt**
er **muß**	sie **müssen**

⟨ **mögen** ⟩

ich **mag**	wir **mögen**
du **magst**	ihr **mögt**
er **mag**	sie **mögen**

◆ 화법조동사는 본동사와 결합해서 씁니다. 화법조동사는 정형으로 하며 **본동사는 문장 끝에 놓습니다.**

한스는, ____, 오늘, 본으로, 가, 야만 합니다.
Hans, ____, heute, nach Bonn, fahren, müssen

Hans muß heute nach Bonn fahren.

◆ 과거형은 다음과 같이 됩니다.

können ⇨ **konnte**　　dürfen ⇨ **durfte**
müssen ⇨ **mußte**　　sollen ⇨ **sollte**
wollen ⇨ **wollte**　　mögen ⇨ **mochte**

◆ 화법조동사의 과거분사는 부정사와 같은 형이며, 그 완료부정사는 다음과 같이 됩니다(haben에 의해 완료형을 만듭니다).

완료부정사 fahren **müssen** haben
그는, ____, 오늘, 쾰른으로, 가, 야만 했다.
Er, ____ heute, nach Köln, fahren, müssen, haben

Er hat heute nach Köln fahren müssen.

【주의】 회화에서는 화법조동사일 경우, 현재완료형보다는 과거형을 쓰는 것이 일반적입니다.

② 화법조동사(2)
- 용법 -

■ **können**

① 「…할 수 있다」
Nach Köln **können** Sie mit dem Bus fahren.
쾰른으로는 버스로 갈 수 있습니다.

② 「(…이) 있을 수 있다」
Er **kann** heute kommen.
그는 오늘 올 수 있을 것입니다.

■ **dürfen**

① 「…해도 괜찮다」
Darf ich das Fenster öffnen?
창문을 열어도 괜찮겠습니까?

② 「…해서는 안 된다」 (부정사와 함께)
Niemand **darf** den Raum verlassen.
누구도 이 방에서 나가면 안 됩니다.

■ **wollen**

① 「…할 생각이다」
Er **will** das Buch kaufen. 그는 그 책을 살 생각이다.

2️⃣ 「(…했다)고 주장하다」(이 용법에서는 반드시 wollen+완료부정사의 형태를 취합니다)

Er will das gesehen haben.
그는 그것을 보았다고 주장하고 있습니다.

■ sollen

1️⃣ 「…해야 마땅하다」(주어가 아닌 제3자의 주어에 대한 요구를 표현합니다)

Du sollst sofort nach Hause kommen.
너는 즉시 집으로 와야 되겠단다.
(즉 어느 제3자, 이를테면 부모라든가가 주어인 사람의 귀가를 바라고 있는 것입니다)

Ich soll zur Post gehen.
나는 우체국으로 가야 마땅하다는 것입니다.

2️⃣ 「(…라는) 소문입니다」(이 용법에서도 대부분 완료부정사가 쓰입니다)

Sie soll wieder geheiratet haben.
그녀는 재혼했다는 소문입니다.

■ müssen

1️⃣ 「…해야만 한다」

Er muß morgen um 6 Uhr aufstehen.
그는 내일 여섯시에 일어나야만 한다.

2️⃣ 「(…임에) 틀림없다」

Er muß sehr reich sein.
그는 아주 부자임에 틀림없나.

■ mögen

1 「(…인지) 모르겠다」

Er **mag** etwa dreißig Jahre alt sein.
그는 약 30세일 것입니다.

2 「(하고 싶으면 마음대로) …해도 된다」

Er **mag** ruhig kommen, ich fürchte ihn nicht.
그가 (오고 싶으면) 와도 돼, 나는 그가 두렵지 않아.

3 möchte[n]

> Ich **möchte** Wein trinken.
> 나는 와인을 마시고 싶습니다.

Key Point möchte[n]는, (원래 mögen의 접속법 제2식[187면 참조]의 형식입니다만) 화법조동사에 준하는 용법을 해서 「…하고 싶다」라는 뜻이 됩니다.

◆ möchte[n]는 다음과 같은 인칭변화를 합니다(부정사나 과거형이 없습니다). ich와 er에 해당되는 곳이 같은 형입니다.

ich möchte	wir möchten
du möchtest	ihr möchtet
er möchte	sie möchten

◆ wollen(139면 참조)이 주어의 명백한 「의도·의지」를 표현하는데 비해 möchte(n)는 겸손한 「소망·희망」을 표현합니다.

Ich **will** den Wagen mieten.
　　나는 차를 빌릴 작정이다.
Ich **möchte** den Wagen mieten.
　　나는 차를 빌리고 싶습니다.

4 화법조동사의 독립용법

> Wir **müssen** jetzt zum Bahnhof.
> (←Wir müssen jetzt zum Bahnhof *gehen*.)
> 　우리들은 지금 역으로 가야 합니다.

화법조동사가 본동사를 수반하지 않고 쓰일 때가 있습니다. 방향을 나타내는 전치사구(위의 보기에서는 zum Bahnhof)나 부사가 있을 때, 그것들과 결합되어 이동을 나타내는 동사(예를 들면 gehen, fahren 등)를 생략하는 것이 가능합니다.

Ich **soll** zu ihm. (←Ich soll zum ihm gehen)
　　나는 그에게로 가도록 되어 있습니다.
Er **muß** aus der Stadt. (←Er muß aus der Stadt gehen.)
　　그는 그 도시에서 나가야 합니다.

◆ 몇몇 조동사에는 본동사로서의 용법도 있습니다.

Mögen Sie Jazz? 재즈를 좋아하십니까?
Er **will** Geld von mir. 그는 나에게 돈을 원하고 있습니다.

5 lassen

> Sie **läßt** ihn lange warten.
> 그녀는 그가 오래 기다리도록 내버려 둡니다.

Key Point 사역 조동사 lassen 「…시키다」도 본동사의 부정사와 함께 쓰이며, 불규칙적인 인칭 변화를 합니다.

ich	lasse	wir	lassen
du	**läßt**	ihr	laßt
er	**läßt**	sie	lassen

◆ 「사역의 상대방」(「누구에게 …시키다」의 「누구」)은 4격으로 표시됩니다.

나는, ____, 그에게, 차를, 닦도록, 시킨다

Ich, ____, ihn, den Wagen, waschen, |lassen|

Ich |lasse| ihn den Wagen waschen.

◆ 조동사로서의 lassen의 과거분사는 부정사와 같은 형인 lassen입니다.

6 지각동사

> Er **hört** seinen Sohn Lieder singen.
> 그는 자기 아들이 노래하는 것을 듣는다.

지각동사(hören, sehen, fühlen)도「누가 …하는 것을 듣다·보다·느끼다」라고 말할 때,「누가」「무엇이」에 해당되는 명사를 4격으로,「…하다」를 부정사로 표시해서 문장 끝에 오게 합니다.

Ich **sehe** meine Kinder im Garten *spielen*.
나는 나의 아이들이 마당에서 노는 것을 본다.
Der Politiker **fühlt** seinen Tod *nahen*.
그 정치가는 자기의 죽음이 다가오는 것을 느낀다.

◆ 완료형을 만들 때, 일반적으로 과거분사로서는 부정사를 그대로 씁니다.

Ich **habe** ihn davonlaufen **sehen**.
(드물게 gesehen)
나는 그가 가 버리는 것을 보았다.
Er **hat** seinen Sohn Lieder singen **hören**.
(드물게 gehört)
그는 자기 아들이 노래를 부르는 것을 들었다.

연습문제

1 다음의 인칭변화표를 완성하시오.

ich	kann			will	soll
du					
er			muß		
wir		dürfen			
ihr					
sie				mögen	

2 다음 낱말들을 써서 짧은 문장을 만드시오 (첫낱말이 문장 선두에 오게 합니다).
1) Hans, morgen, nach Seoul fliegen, müssen
2) Gestern, ich, ihn, telefonisch erreichen, können.
3) Mein Bruder, sehr gut, schwimmen, können. (현재형)
4) Vielleicht, er, die Wahrheit, wissen, mögen.
5) Dürfen, ich, das Fenster, aufmachen,? (현재형)
6) Wollen, du, damals, Fräulein Dur, heiraten,?
7) Sollen, ich, Ihren Koffer, tragen,? (현재형)

3 독일어로 옮기시오.
1) 그것(das)은 사실(wahr)인지도 모르겠다(있을 수 있는 일이다).
2) 이 방에서는 아무도(niemand) 담배를 피워서는 안 된다.
3) 그 범인(der Täter)은 어제 대구에 있었다고 말하고 있다.

제 17 과

수동태

1 수동태를 만드는 법(1)
- 타동사 -

> Der Schüler **wird** überall **gelobt**.
> 그 학생은 어디서나 칭찬받는다.

본동사의 과거분사와 werden을 결합시킨 것을 수동의 부정사 라 합니다.

수동의 부정사 : gelobt werden
　　　　　　칭찬받는다
　　　⇐단순부정사 : loben 칭찬하다

◆ 수동형은 수동의 부정사를 기초로 하여 werden을 인칭변화 시킴으로써 만들어집니다.

그 학생은, ____, 언제나, 칭찬받는다
Der Student, ____, immer, gelobt werden

Der Student wird immer gelobt.

과거분사는 문장 끝에, 정형인 werden은 제2위에 오게 됩니다.

◆ **수동태의 현재인칭변화**

ich **werde**		wir **werden**	
du **wirst**	…과거분사	ihr **werdet**	…과거분사
er **wird**		sie **werden**	

In der neuen Straße **werden** verschiedene Hochhäuser **gebaut**.
새 도로에는 여러 고층건물이 건축된다.

Er **muß** streng **bestraft werden**.
그는 엄하게 벌받아야 한다.

◆ 대응하는 능동문의 주어(즉 동작의 주체)는 필요에 따라 von+3격 **명사**로 표시됩니다. 그것이 수단이나 원인일 경우에는 durch+4격 **명사**로 표시됩니다.

Der Schüler wird *von dem Lehrer* gelobt.
학생은 선생님에게 칭찬받는다.
(⇦Der Lehrer lobt den Schüler. 선생님이 학생을 칭찬한다)

Die Stadt wird *durch den Taifun* zerstört.
그 도시는 태풍으로 파괴된다.
(⇦Der Taifun zerstört die Stadt. 태풍이 그 도시를 파괴한다)

2 수동태 만드는 법(2)
- 자동사 -

Heute wird [von uns] getanzt.
오늘 무도회가 거행된다.
=〔오늘 (우리들에 의해) 댄스가 행해집니다.〕

일부의 자동사도 수동문을 만듭니다. 단 자동사는 4격 목적어가 없기 때문에 그 수동문은 주어가 없는 문장이 됩니다. 위의 보기에 대응하는 능동문과의 관계는 다음과 같습니다.

Heute tanzen wir.

Heute wird [von uns] getanzt.
Dann wird getanzt und wieder getrunken.
그리고 댄스가 있으며 또 다시 술이 마셔진다(술을 마신다).

◆ 이런 종류의 수동형은 종종 명령 표현으로도 쓰입니다.

Jetzt wird aber geschlafen!
이제 자야지!

◆ 3격 목적어를 요구하는 동사의 수동문은 주어가 없는 문장이 됩니다. 3격 목적어가 주어가 될 수는 없습니다.

Der Lehrer hilft **dem Schüler.**
  선생님은 학생을 돕는다.
  ⇨ [틀린 문장] Der Schüler wird geholfen.
  ⇨ **Dem Schüler** wird geholfen.
  학생은 도움을 받는다.

◆ 문장 선두에 두는 적당한 어구가 없을 경우, (단순히 자리를 메꾸는 것으로서) 비인칭의 es를 거기에 둡니다.

Die Zuschauer klatschen.
  청중이 박수를 친다.
  (⇨ _____ wird [von den Zuschauern] geklatscht.)
  ⇨ **Es** wird [von den Zuschauern] geklatscht.
  (청중에게서) 박수가 일어난다.

Es wird für Ordnung gesorgt.
  질서에 신경이 쓰인다.

【참고】 이 비인칭의 es는 능동문에서도 쓰입니다.
  Es ereignete sich ein Unglück.
  사고가 발생했다.

3 수동태의 과거형

Sein Sohn **wurde** überall **gelobt.**
  그의 아들은 도처에서 칭찬받았다.

Key Point 수동태의 과거시제는 werden을 과거형으로 바꾸는 것으로 만들어집니다.

ich   wurde
du   wurdest
er   wurde
wir   wurden
ihr   wurdet
sie   wurden

과거분사

Das Problem **wurde** gleich **gelöst**.
그 문제는 곧 해결되었다.

Die Stadt **wurde** durch den Taifun **zerstört**.
그 도시는 태풍으로 파괴되었다.

Dem Schüler **wurde geholfen**.
학생은 도움을 받았다.

4 수동태의 완료시제

수동의 완료부정사 : 과거분사+**worden**+**sein**

수동의 완료부정사는 werden을 완료형으로 해서 만듭니다. 단 이 경우 werden의 과거분사는 geworden이 아니라, worden입니다.

◆ 수동의 현재완료형

ich bin ....
du bist ....
er ist ....
wir sind ....
ihr seid ....
sie sind ....

+과거분사+worden

Das Kind ist gestern überfahren worden.
그 아이는 어제 차에 치었다.

【주의】 회화체에서는 과거의 사건을 나타내는 수동형식으로는 현재완료형보다 과거형 쪽이 자주 쓰이고 있습니다.

◆ 수동의 과거완료형

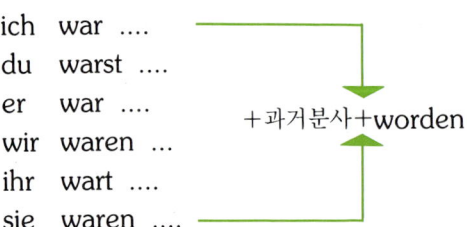

ich war ....
du warst ....
er war ....
wir waren ...
ihr wart ....
sie waren ....

+과거분사+worden

Meine Uhr war gestohlen worden.
나의 시계는 도난당해 버렸었다.

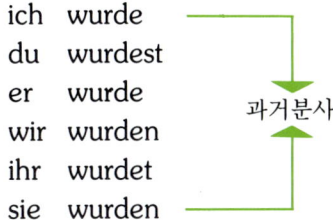

ich	wurde
du	wurdest
er	wurde
wir	wurden
ihr	wurdet
sie	wurden

과거분사

Das Problem **wurde** gleich **gelöst.**
그 문제는 곧 해결되었다.

Die Stadt **wurde** durch den Taifun **zerstört.**
그 도시는 태풍으로 파괴되었다.

Dem Schüler **wurde geholfen.**
학생은 도움을 받았다.

4 수동태의 완료시제

수동의 완료부정사 : 과거분사 + worden + sein

Key Point

수동의 완료부정사는 werden을 완료형으로 해서 만듭니다. 단 이 경우 werden의 과거분사는 geworden이 아니라, worden입니다.

◆ 수동의 현재완료형

Das Kind ist gestern überfahren worden.
그 아이는 어제 차에 치었다.

【주의】 회화체에서는 과거의 사건을 나타내는 수동형식으로는 현재완료형보다 과거형 쪽이 자주 쓰이고 있습니다.

◆ 수동의 과거완료형

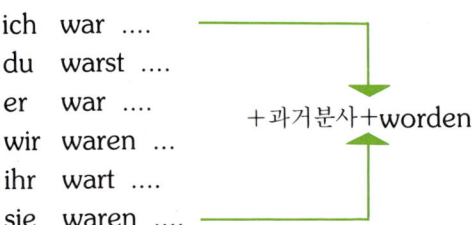

Meine Uhr war gestohlen worden.
나의 시계는 도난당해 버렸었다.

◆ 수동의 미래완료형

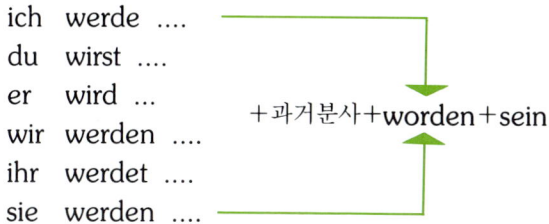

ich   werde ....
du   wirst ....
er   wird ...
wir   werden ....
ihr   werdet ....
sie   werden ....

+과거분사+worden+sein

Bis morgen **wird** das Problem **gelöst worden sein.**
내일까지 그 문제는 해결되어 있겠지요.

5 상태수동

(타동사의) 과거분사+**sein** ⇨ 「되어 있다」

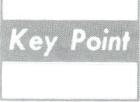
타동사의 과거분사와 sein을 결합시키면 그 동작에 의한 결과적 상태를 표현하게 됩니다.

(etw⁴) lösen (무엇을) 해결하다
⇨ gelöst sein 해결되어 있다

그 문제는, ____, 이미, 해결되어 있다
Das Problem, ____, schon, gelöst [sein]

Das Problem [ist] schon gelöst.

◆ 이것을 상태수동이라 합니다. 수동의 완료형에서 (worden을 제외시켜) 파생된 것이라고 생각됩니다.

Die Tür ist verschlossen.
그 문에는 자물쇠가 채워져 있다.
⇐ Die Tür ist verschlossen *worden*.
그 문은 자물쇠가 채워졌다.

연습문제

1 우리말로 옮기시오.
  1) Das Fenster wird automatisch geöffnet.
  2) Der Brief wird gleich geschrieben.
  3) Der Baum wird gefällt.
  4) Er wird bald gerufen.
  5) Wir werden alle zum Essen eingeladen.

2 문제 1의 문장을 과거형으로 바꾸어 쓰시오.

3 능동문은 수동문으로, 수동문은 능동문으로 바꾸어 쓰시오.
  1) Der Taifun zerstört oft die ganze Stadt.
  2) Ich wurde von seiner Leistung überrascht.
  3) Sie helfen meiner Mutter.
  4) Es wird sehr lange geklatscht. (man을 사용)
  5) Meine Tochter fragte den Arzt.
  6) Dieser Mann ermordete eine reiche Frau.

제18과

접속사 (복문)

1 병렬접속사

> Sie ist groß **und** schlank.
> 그녀는 키가 크고 날씬하다.

Key Point 대등한 관계에 있는 문장과 문장, 어구와 어구를 연결시키는 접속사를 **병렬접속사**라 합니다.

aber 「그러나」

Sie bereitet das Frühstück, **aber** er liegt noch im Bett.
그녀는 아침 식사를 준비하고 있으나, 그는 아직 침대에 누워 있다.

[주의] aber는 문장 내에 들어갈 수도 있습니다.

Er ist groß und dünn, sie **aber** ist klein und dick.
또는
Er ist groß und dünn, sie ist **aber** klein und dick.

그는 키가 크고 말랐지만, 그녀는 키가 작고 뚱뚱하다.

denk 「왜냐하면」

Wir gehen aus, **denn** das Wetter ist schön.
우리들은 외출한다, 왜냐하면 날씨가 좋기 때문이다.

und 「그리고」

Er geht ins Kino, **und** seine Tochter geht ins Theater.
그는 영화관에 가고, 그리고 그의 딸은 극장에 간다.

oder 「혹은」

Möchten Sie Tee **oder** Kaffee?
홍차를 드시겠습니까 혹은 커피를 드시겠습니까?

nicht ~ sondern… 「~가 아니라 …이다」

Wir gehen **nicht** ins Kino, **sondern** ins Konzert.
우리들은 영화관이 아니라 음악회에 간다.

entweder ~ oder … 「~이나, 또는 …」

Wir gehen **entweder** ins Konzert **oder** ins Theater.
우리들은 음악회에 가거나 또는 극장에 간다.

weder ~ noch … 「~도 …도 아니다」

Dazu haben wir **weder** Geld **noch** Zeit.
그것을 하기에는 우리들은 돈도 없고 시간도 없다.

2 종속접속사

> Er bleibt zu Hause, **weil** er krank ist.
> 그는 병이 들었기 때문에 집에 머물러 있다.

Key Point 주문장에 부문장을 접속시키는 기능을 갖는 접속사를 **종속접속사**라 합니다. 종속접속사는 부문장의 선두에 둡니다.

◆ 종속접속사에 의한 부문장에서는 정동사를 문장 끝에 둡니다. 따라서 부문장 내의 어순은 우리말 어순에 준한 것이 됩니다.

..., weil er krank ist
　　　↓　　↓　　↓　　↓
　　때문에 그는 아프기 (다)

◆ 종속접속사에 의한 부문장을 주문장 앞에 두면, 주문장의 정동사는 부문장 직후에 오게 됩니다. 즉 부문장은 하나의 문장 성분으로 간주되고, 정동사가 제2위(位)에 놓이게 되는 것입니다.

Weil er krank ist, **bleibt** er zu Hause.
　1문장성분　　　　　제2위

als 「…하였을 때」

Als er aus der Wohnung gehen wollte, klingelte das Telefon.
그가 집에서 나오려고 했을 때, 전화가 울렸다.

bevor 「…하기 전에」

Bevor er zur Arbeit geht, bringt er seine Tochter in den Kindergarten.
그는 일하러 가기 전에, 자기 딸을 유치원으로 데리고 간다.

bis 「…하기까지」

Ich warte auf dich, **bis** du wieder kommst.
나는 네가 다시 올 때까지 너를 기다리고 있다.

da 「…이기 때문에」

Da ich krank bin, kann ich nicht kommen.
나는 아프기 때문에, 나는 갈 수가 없다.

damit 「…하기 위해」

Er geht in die Berge, **damit** er sich erholt.
그는 휴양하기 위해서 산으로 간다.

daß 「…라는 것」

Er hofft, **daß** sie ihn besucht.
그는 그녀가 자기를 방문하는 것을 희망한다.

indem 「…하면서」

Er beruhigte das Kind, **indem** er es streichelte.
그는 아이를 쓰다듬으면서 그 아이를 진정시켰다.

nachdem 「…한 후」

Nachdem er gegessen hatte, legte er sich eine Weile hin.
그는 식사를 한 다음에 잠시 드러누웠다.

[주의] nachdem으로 시작되는 부문장의 시제는 주문장보다 한 단계 앞선 것이 됩니다(예를 들면 주문장이 과거시제라면, nachdem의 부문장은 과거완료시제입니다).

ob 「…인지 아닌지」

Er wollte nachsehen, **ob** die Tür geschlossen war.
그는 문이 잠겨져 있는지 여부를 살피려고 하였다.

obwohl 「…이긴 하지만」

Er arbeitet noch, **obwohl** er schon alt ist.
그는 이미 늙기는 하였지만, 여전히 일하고 있다.

während 「…동안」

Während er arbeitete, schlief sie.
그가 일하는 동안, 그녀는 자고 있었다.

wenn 「만일 …라면」

Wenn der Besuch gekommen ist, beginnen wir mit dem Essen.
> 손님이 오셨다면 우리들은 식사를 시작한다.

[참고] 부문장의 정동사를 앞에 두면, wenn 문장과 동일한 뜻을 나타냅니다.

Ist der Besuch gekommen, beginnen wir mit dem Essen.

◆ 복합적 종속접속사

so daß 「그래서」

Sie war sehr krank, **so daß** sie nicht kommen konnte.
> 그녀는 병이 너무 심해서, 올 수가 없었다.

Wenn auch ..., so doch 「설사 …라도, 역시 …이다」

Wenn es **auch** kalt ist, **so** zieht er **doch** keinen Mantel an.
> 날씨가 춥더라도, 그는 외투를 입지 않는다.

3 접속부사

> Wir wollen uns eine Wohnung kaufen, **deshalb** müssen wir jeden Pfennig sparen.
> 우리들은 집을 살 생각입니다 그러니까 우리는 한푼이라도 절약해야만 합니다.

 접속사에 준하는 역할을 하는 부사를 **접속부사**라 합니다. 이런 것이 문장 선두에 오게 되면, (다른 부사의 경우처럼) 그 직후에 정동사를 둡니다.

Ich war verreist, **folglich** kann ich von dem Vorfall nichts wissen.
　　나는 여행중이었다. 따라서 나는 그 사건에 관해서는 아무것도 알 수가 없다.

Er wurde gerade vom Chef beschimpft, **deswegen** hat er so schlechte Laune.
　　그는 막 과장한테 욕을 먹었기 때문에 몹시 기분이 나쁘다.

◆ 접속부사는 문장 중에 놓일 때도 있습니다.

Er war krank und konnte **daher** nicht kommen.
　　그는 아팠기 때문에, 올 수가 없었다.

연습문제

1 (　　) 안에서 알맞는 접속사 또는 접속부사를 골라서 밑줄 친 곳에 넣으시오.
　1) ＿＿＿ wir im Sommer nach Deutschland fahren wollen, üben wir fleißig Deutsch.
　2) Er wurde krank, und mußte ＿＿＿ das Konzert absagen.
　3) Er fehlt heute, ＿＿＿ sein Vater ist aus München gekommen.

4) Was kann man noch machen, _____ man _____ Geld _____ Zeit hat?
5) _____ ich den Opa besuchte, gab er mir immer Taschengeld.
6) _____ du ins Bett gehst, mußt du deine Zähne putzen.
7) Er gab mir deutsche Kassetten, _____ ich besser Deutsch üben kann.
8) Der Lehrer fragte die Schüler, _____ sie das begriffen haben.
9) _____ er reich ist, ist er geizig.
10) _____ ich 3 Jahre alt war, kam mein Bruder auf die Welt.
11) Ich heiße nicht Rea, _____ Lea.

(als, bevor, damit, denn, deshalb, ob, obwohl, sondern, weder...noch, weil, wenn)

제19과

ZU 부정사

1 zu 부정사(구)

> nach Deutschland **zu** fahren
> 독일로 가기(는 것)

Key Point 부정형의 동사 앞에 zu가 있는 것을 zu 부정사(구)라 합니다.

◆ 화법조동사를 포함시킬 경우, 또는 완료부정사일 경우는 다음과 같은 형태가 됩니다.

nach Deutschland fahren zu müssen
독일로 가야만 하는 (것)

nach Deutschland gefahren zu sein
독일로 갔었던 (것)

◆ 분리동사일 경우, 분리전철과 기초동사 부분 사이에 zu를 삽입합니다.

früh auf**zu**stehen 일찍 일어나기(는 것)
gleich ab**zu**fahren 곧 출발하기(는 것)

2 zu 부정사(구)의 용법

zu 부정사(구) { 주어로서
목적어로서
부가어로서 }

■ 주어로서

Einen Regenmantel mit**zu**nehmen ist ratsam.
레인코트를 가지고 가는 것이 상책이다.
Es ist ratsam, einen Regenmantel mit**zu**nehmen.

■ 목적어로서

Er *hat* mir *versprochen*, pünktlich **zu** sein.
그는 나에게 시간을 엄수할 것을 약속했다.
Er *bestreitet*, den Mann **zu** kennen.
그는 그 남자를 모른다고 말한다.

■ 부가어(명사를 수식하는 형용사적 용법)로서

Er hat die *Gewohnheit*, morgens zuerst die Post **zu** erledigen.
그는 매일 아침 먼저 우편물을 처리하는 습관이 있다.
Sie haben keinen ***Grund,*** sich **zu** beschweren.
그들은 불평할 이유가 없다.

3 특수한 zu 부정사구

ohne ~ zu ...	「…하지 않고」
statt ~ zu ...	「…하는 대신」
um ~ zu ...	「…하기 위해서」

　　zu 부정사구가 전치사 ohne, statt, um을 결합하여 쓸 때가 있습니다. 뜻은 위의 표처럼 됩니다.

Er ging, **ohne** ein Wort **zu** sagen.
　　그는 한마디도 말하지 않고 갔다.
Er legt sich ins Bett, **statt zu** arbeiten.
　　그는 일하는 대신 침대에 눕는다.
Er kam, **um** mir **zu** gratulieren.
　　그는 나를 축하하기 위해 왔다.

【참고】 um ～ zu…는 (후속문의 어순에 영향을 미치지 않는) 성구로 쓰일 때가 있습니다.

Um die Wahrheit **zu** sagen, er hat jetzt kein Geld.
　　사실을 말하자면, 그는 지금 무일푼이다.

연습문제

1 다음의 각 어군 중, zu 부정사구인 것에는 ○표를, 그렇지 않은 것에는 ×표를 하시오.
  1) nach Deutschland zu fahren
  2) zu meinem Onkel
  3) um drei Kilo zunehmen
  4) um drei Kilo zuzunehmen
  5) da gewesen zu sein
  6) zuerst die Post, dann das Frühstück
  7) zur Kirche
  8) ohne mir zu helfen
  9) das zusagen
  10) das zu sagen

2 다음 독일어를 우리말로 옮기시오.
  1) Er ging dahin, um meinem Bruder zu helfen.
  2) Statt den Wein zu trinken, bestellen wir Bier.
  3) Er arbeitet fleißig, um die Prüfung zu bestehen.
  4) Ohne mir ein einziges Wort gesagt zu haben, verließ sie mich.
  5) Er ist, um die Wahrheit zu sagen, schon verheiratet.

제20과

관계문

1 정관계대명사

	남성	여성	중성	복수
1격	der	die	das	die
2격	dessen	deren	dessen	deren
3격	dem	der	dem	denen
4격	den	die	das	die

Key Point 주문장 중의 일정한 어구를 수식하는 부문장을 **관계문**이라 하며, 그 주문장 중의 특정한 어구(명사나 대명사)와 관계문을 결합시키는 역할을 하는 대명사를 **정관계대명사**라 합니다.

◆ 정관계대명사는 성·수·격에 따라 위의 표처럼 변화합니다. 이때 성과 수는 선행사의 성·수와 일치시키고, 격은 관계문 내에서 정관계대명사 자체가 차지하는 문법적 역할(격관계)에 따라 결정됩니다.

◆ 관계문은 선행사와 동일한 명사를 관계대명사 (다음 면의 진한 부분)로 고치고, 정동사를 문장 끝에 놓아 만듭니다. 관계문의 위치는 일반적으로 선행사 직후입니다.

◆ 주문장과 관계문 사이에는 반드시 쉼표를 찍습니다.

{ Wo ist **das Buch?** 그 책은 어디 있습니까?
　　　　　⇧
　　　Das Buch [habe] ich gestern gekauft.
　　　중성·단수·4격
　　　그 책을 나는 어제 샀습니다.

　　　　　　　　　　―――관계문―――
⇨ Wo ist **das Buch, das** ich gestern gekauft habe?
　　　　　　선행사　관계대명사
　　　내가 어제 산 책은 어디 있습니까?

{ **Die Uhr** ist schon kaputt. 그 시계는 벌써 망가졌다.
　　⇧
　Die Uhr [habe] ich gestern gekauft.
　여성·단수·4격
　　　그 시계를 나는 어제 샀습니다.

　　　　　　　―――관계문―――
⇨ **Die Uhr, die** ich gestern gekauft **habe,** ist
　　선행사　관계대명사
　schon kaputt.
　내가 어제 산 시계는 벌써 망가졌다.

◆ 문어에서는 welcher도 관계대명사로 쓰입니다.

	남성	여성	중성	복수
1격	welcher	welche	welches	welche
	――――――― 2격은 없음 ―――――――			
3격	welchem	welcher	welchem	welchen
4격	welchen	welche	welches	welche

2 부정관계대명사

	1격	2격	3격	4격
사람 ⇨	wer	wessen	wem	wen
사물 ⇨	was	——	——	was

　　부정관계대명사는 선행사로서 jemand「어느 사람」또는 etwas「어느 것」을 그 자체에 포함하고 있는 것으로, 「…한 사람」「…한 것」을 나타냅니다.

◆ 부정관계대명사의 형은 관계문 내의 격 관계에 따라 결정됩니다.

◆ 관계문 다음에 오는 주문장의 선두에는 관계문이 주문장 내에서 할 역할을 명확히 하기 위해 지시대명사 der(201면 참조)를 둡니다.

　　관계대명사와 지시대명사가 다 1격 또는 4격일 경우는 지시대명사를 생략할 수가 있습니다.

Wer nicht arbeiten will, [**der**] soll nicht essen.
　　일할 생각이 없는 사람은 먹지 말아야 한다.
Wessen Augen klar sind, **dessen** Herz ist auch rein.
　　눈이 맑은 사람은 마음도 순수하다.
Wen ich zuerst treffe, [**den**] frage ich.
　　최초로 만나는 사람에게 나는 물어봅니다.

Was neu ist, [**das**] ist nicht immer gut.
새 것이 언제나 좋은 것이라고는 할 수 없다.
Du sollst tun, **was** du willst.
너는 하고 싶은 것을 해야 할 것이다.

◆ was는 das, etwas, nichts, alles 등의 불특정한 뜻을 갖고 있는 부정대명사를 선행사로 할 때도 쓰입니다.

Das, was du gesagt hast, ist nicht richtig.
네가 한 말은 옳지 않다.
Vieles, was wir gefordert haben, ist verwirklicht worden.
우리들이 요구했던 많은 것이 실현되었다.

◆ 선행하는 문장의 뜻과 내용을 받을 때도 was를 씁니다.

Er arbeitet fleißig, **was** mir besonders gefällt.
그는 부지런히 일하고 있다. 그것이 특히 내 마음에 든다.

3 관계부사

{ Er verläßt **die Stadt**.
그는 그 도시를 떠난다.
In der Stadt hat er fünf Jahre studiert.
그 도시에서 그는 5년간 대학에 다녔다.
⇨Er verläßt die Stadt, **wo**(=in der) er fünf Jahre studiert hat.
그는 5년간 대학에 다녔던 도시를 떠난다.

 선행사가 장소(「어디서」)를 나타낼 때, 관계문 내의 〈전치사(보통은 in)＋관계대명사〉를 관계부사 wo로 바꾸어 쓸 수도 있습니다.

Er besucht die Stadt, **wo** Schiller geboren wurde.
그는 쉴러가 출생한 도시를 방문한다.

◆ 선행사가 국명이나 지명일 경우에는, 반드시 관계부사 wo를 씁니다.

Er verläßt Bonn, **wo** er Linguistik studiert hat.
그는 언어학을 배웠던 본을 떠난다.

4 관계대명사와 전치사의 결합

{ Sie schenkte ihm **ein Buch.**
　　그녀는 그에게 한권의 책을 선사했다.
An dem Buch hatte er viel Freude.
　　그 책을 그는 매우 기뻐했다.

⇨Sie schenkte ihm ein Buch, **woran** er viel Freude hatte.
　　그녀는 그에게 한 권의 책을 선사했는데, 그는 그것을 매우 기뻐했다.

 선행사가 사물을 나타내며, 관계대명사가 전치사와 결합될 때, 〈wo＋전치사〉 형을 쓸 수가 있습니다 (단 전치사가 모음으로 시작되면 〈wor＋전치사〉가 됩니다).

Der Schlüssel, **womit** (=mit dem) ich die Tür aufschließen wollte, paßte nicht.
내가 문을 열려고 했던 그 열쇠는 맞지 않았다.
Ein Geschenk, **worüber** (=über das) er sich besonders freut, ist ein Buch.
그가 특히 기뻐하는 선물은 책이다.

연습문제

1 우리말로 옮기시오.
  1) Wo liegt das Buch, das du dir gestern gekauft hast?
  2) Mein Onkel hat dem Kind eine Blume gegeben, worüber es sich sehr gefreut hat.
  3) Ich helfe dem Mädchen, das da alleine sitzt.
  4) Der Wagen, der meinem Vater gehört, ist ein Mercedes.
  5) Ich kenne einen Mann, dessen Sohn Medizin studiert.
  6) Wer einmal lügt, muß immer lügen.

2 다음의 두 문장을 각각 관계대명사나 관계부사를 써서 하나의 문장으로 바꾸어 쓰시오.
  1) Das Buch ist interessant.
    Du hast dir das Buch gekauft. (관계문)
    답 _____

2) Die Kamera ist sehr teuer.
   Diese Kamera hat mir gut gefallen. (관계문)
   답 _____

3) Ich fahre mit dem Auto nach Seoul.
   Das Auto habe ich mir gestern gekauft. (관계문)
   답 _____

4) Möchtest du die Stadt wissen?
   Ich wohne in der Stadt. (관계문)
   답 _____

제21과

비교

1 비교급과 최상급 만드는 법

| 원급 | 비교급 | 최상급 |
| klein 작은 ⇨ | klein-er ⇨ | klein-st |

 비교급은 원급에 **-er**를 붙여서, **최상급**은 원급에 **-st**를 붙여서 만듭니다.

reich 부자인 ⇨ reicher ⇨ reichst

◆ 한 음절의 형용사 중에는 모음이 움라우트되는 것이 상당히 많습니다.

jung 젊은 ⇨ jünger ⇨ jüngst

◆ 원급이 -e로 끝나는 형용사는 비교급에서 -e를 중복시키지 않습니다.

weise 현명한 ⇨ **weiser** (⇨ weisest)

◆ -el, -er로 끝나는 형용사는 비교급에서 보통, 그 -e를 생략합니다.

dunkel	어두운	⇨ dunk[e]ler	(⇨ dunkelst)
teuer	비싼	⇨ teu[e]rer	(⇨ teuerst)

◆ -t, -ß로 끝나는 형용사는 최상급에서 -est가 됩니다.

alt	나이 먹은	⇨ (älter	⇨) ältest
heiß	뜨거운	⇨ (heißer	⇨) heißest

◆ 불규칙한 것

groß	큰	⇨ **größer**	⇨ **größt**
hoch	높은	⇨ **höher**	⇨ **höchst**
gut	좋은	⇨ **besser**	⇨ **best**
nah	가까운	⇨ **näher**	⇨ **nächst**
viel	많은	⇨ **mehr**	⇨ **meist**
wenig	적은	⇨ { **weniger** / **minder** }	⇨ { **wenigst** / **mindest** }

> wenig의 비교급에는 weniger와 minder가 있습니다만, 동사와 결부되는 부사적 용법은 weniger만 씁니다.
>
> Er arbeitet **weniger** als ich.
>   그는 나보다 일하는 양이 적다.
>
> Er ist **minder (weniger)** begabt als ich.
>   그는 나보다 재능이 뒤떨어진다.

2 비교의 표현

부가어적 용법
  Ich suche eine **größere** Wohnung.
    나는 더 큰 집을 구하고 있다.
술어적 용법
  Meine Wohnung ist **größer als** seine Wohnung.
    나의 집은 그의 집보다 더 크다.

Key Point

① 부가어적 용법
(원급의) 형용사와 같은 격어미를 붙여 씁니다.

원급	ein dick Buch	두꺼운 책
비교급	ein dick**er**s Buch	더 두꺼운 책
최상급	das* dicks**te** Buch	가장 두꺼운 책

[주의] 일반적으로 최상급에는 정관사를 붙입니다.

◆ 단 mehr와 weniger에는 격어미를 붙이지 않습니다.

  Er hat **mehr** Geld als* du.
    그는 너보다도 많은 돈을 가지고 있다.
    (⇦Er hat viel Geld. 그는 많은 돈을 가지고 있다.)
* als=「…보다」

Er hat **weniger** Geld als du.
> 그는 너보다 적은 돈밖에 가지고 있지 않다.
> (⇦Er hat wenig Geld. 그는 얼마 안 되는 돈밖에 가지고 있지 않다.)

◆ 실제로 다른 것과 비교하는 게 아니라, 일반적인 기준과의 비교에 쓰이는 비교급·최상급도 있습니다. 이런 것을, 절대비교급 · 절대최상급이라 하며, 각각 「비교적…」 또는 「굉장히…」의 뜻이 됩니다.

Er spricht mit einer **älteren** Dame.
> 그는 비교적 나이 들은 부인(중년 부인)과 이야기하고 있다.

Er ging in **höchster*** Eile.
> 그는 굉장히 빨리 걸어갔다.

* 절대최상급에서는 일반적으로 정관사가 생략됩니다.

 ② 술어적 용법

◆ 양자간의 비교

1 정도가 같을 경우 : **so ... wie ...**

Mein Vater ist **so** alt **wie** der Lehrer.
> 나의 아버지는 선생님과 같은 나이이다.

2 한쪽의 정도가 다른 쪽보다 높을 경우 : 비교급 ... **als**...

Mein Vater ist **älter als** der Lehrer.
> 나의 아버지가 선생님보다 더 연장이다.

◆ 삼자간의 비교

주어를 다른 두 개 이상의 것과 비교하여 그것들 중에서 「가장 …하다」라고 말할 때는 〈정관사＋최상급＋격어미〉든가 〈am＋최상급＋en〉형을 씁니다. 전자의 경우, 정관사와 격어미는 그 다음에 보충할 수 있는 명사의 성·수에 근거를 둡니다.

Er ist { **der** fleißig**ste**.
　　　　am fleißig**sten**. 　　(이를테면 Student 「학생」을 보충할 수 있습니다.)
그가 가장 부지런합니다.

Sie ist { **die** schön**ste**.
　　　　am schön**sten**. 　　(이를테면 Frau 「여인」을 보충할 수 있습니다.)
그녀가 가장 아름답습니다.

◆ 어떤 상황을 가정한 여러 조건 중에서 주어의 상태를 비교하여 어느 조건하에서 「가장…하다」라고 말할 때는 〈am＋최상급＋en〉을 씁니다.

Die Studenten sind vor dem Examen am fleißigsten.
학생들은 시험 전에 가장 부지런합니다.

Key Point　③ 부사의 비교

oft	빈번히	⇨ öfter	⇨	am öftesten	
gern	즐겨	⇨ lieber	⇨	am liebsten	
wohl	잘	⇨ besser	⇨	{ am besten am wohlsten	

Er trinkt **lieber** Tee als Kaffee.
그는 커피보다 홍차를 좋아합니다.

◆ 비교 표현의 여러 가지

immer+비교급 「더욱 더 …」

Er wird immer größer. 그는 더욱 더 커진다.

je+비교급, **desto**+비교급 「…하면 할수록 더…」

Je älter er wird, **desto** bescheidener wird er.
그는 나이가 들을수록 더욱 더 겸손해진다.

연습문제

1 주어진 두 문장의 관계에 따라 보기처럼 문제를 완성하시오.

보기 : Ich bin 19 Jahre alt. Du bist 22 Jahre alt.
⇨ Ich bin <u>jünger</u> als du.

1) Mein Haus ist 330 Quadratmeter groß. Dein Haus ist 180 Quadratmeter groß.
Mein Haus ist _____ als dein Haus.

2) Sein Auto fährt 230km pro Stunde. Mein Auto fährt 140km pro Stunde.
   Sein Auto fährt _____ als mein Auto.
3) Von hier ist das Postamt 300m entfernt. Die Kirche liegt aber nur 40m weit.
   Die Kirche liegt _____ als das Postamt.

2 우리말로 옮기시오.
1) Ältere Damen sind vielleicht charmanter als jüngere Mädchen.
2) Er sah wie ein älterer Mann aus, obwohl er in der Tat nur 24 Jahre alt ist.
3) Manche Studenten sind vor der Prüfung am fleißigsten, aber jeden Tag ein bißchen regelmäßig zu lernen ist für die Erlernung einer Fremdsprache immer besser.
4) Er kann deutsch so gut sprechen wie koreanisch.
5) Je schneller, desto besser.

제22과

명령법

1 명령법

du에 대해서		ihr에 대해서
── [e]		── t
Lüge nicht!	거짓말 하지 마!	**Lügt** nicht!

Key Point 명령법은 2인칭의 du / ihr에 대한 명령·요구를 나타내는 동사의 어법으로, 동사의 어간에 위의 표의 어미를 붙여 만듭니다(du에 대한 명령형의 -e는 구어에서는 자주 생략됩니다). 주어는 보통 쓰지 않습니다.

어간	du에 대해서	ihr에 대해서
lern– 배우다	lerne!	lernt!

Entschuldige bitte! 제발 용서해요!
(＜entschuldigen 「용서하다」)

Macht keinen solchen Lärm! 그렇게 소란하게 하지 말아요!
(＜machen 「만든다」)

◆ -d, -t로 끝나는 동사의 경우, ihr에 대한 어미는 -et가 됩니다. ihr에 대한 명령형은 전부 현재형과 같게 됩니다.
Wartet auf ihn! 그를 기다려줘요!

◆ 강변화동사 중에서 직설법 현재 2인칭·3인칭에서 어간모음 e가 i나, ie로 변하는 것은, 명령법 단수에서도 어간모음을 i나, ie로 바꿉니다. sehen을 제외하고, 어미 -e를 붙이지 않습니다.

어간	du에 대해서	ihr에 대해서
geb– 주다	**gib!** (du gibst)	gebt!
sprech– 말하다	**sprich!** (du sprichst)	sprecht!
seh– 보다	**sieh[e]!** (du siehst)	seht!

Nimm die Hand aus der Tasche!
호주머니에서 손을 빼요!
Sieh mal! 좀 봐요!

◆ 기타의 강변화동사는 일반적으로, 단수의 명령형을 어간만으로(즉 -e를 붙이지 않고) 만듭니다.

어간	du에 대해서	ihr에 대해서
komm– 오다	**komm!**	kommt!
fahr– (탈것으로) 가다	**fahr!**	fahrt!

Bring mir mal das Thermometer!
체온계를 좀 갖다다오!

2 존칭에 대한 명령

Essen Sie mehr Obst!
과일을 더 드십시오!

Key Point 존칭의 2인칭 Sie는 원래 3인칭 복수를 전용한 것이기 때문에, 이것에 대한 명령법이 없습니다.

◆ 존칭의 2인칭 Sie에 대한 명령은, 〈부정사＋Sie …〉라는 형식에 의해 표현됩니다.

Öffnen Sie bitte Ihren Koffer!
당신의 트렁크를 열어 주십시오!
Rufen Sie morgen noch einmal **an**!
내일 한번 더 전화를 걸어 주십시오!

◆ 원래 이 동사형은 다음 장(章)의 접속법에 속하는 것이기 때문에, 동사 sein만은 Seien Sie… 가 됩니다.

Seien Sie bitte nicht böse!
제발 화내지 말아 주십시오!

연습문제

① Sie에 대한 다음 명령문을 du 및 ihr에 대한 명령문으로 바꾸어 쓰시오.
1) Entschuldigen Sie bitte!
2) Rauchen Sie nicht hier!
3) Nehmen Sie bitte Platz!
4) Setzen Sie sich!
5) Sprechen Sie bitte langsamer!
6) Sehen Sie!
7) Bringen Sie mir bitte noch eine Tasse Kaffee!
8) Essen Sie alles auf!
9) Seien Sie nicht traurig!
10) Beeilen Sie sich!
11) Warten Sie doch auf mich!

명령 또는 요구는 명령문뿐만 아니라, 여러 가지 표현수단으로 나타낼 수 있습니다. 예를 들자면

부정사	Aussteigen!	하차하시오!
명사	Hilfe!	살려주세요!
분리전철	Zurück!	돌아와!
평서문	Du gehst jetzt!	너 이제 가거라!
화법조동사	Du sollst mir helfen!	날 도와다오!

제23과

접속법

1 접속법

접속법 < 제1식 : er **komme**
        제2식 : er **käme**

Key Point

이제까지 익혀 온 동사의 형태는, 제22과의 **명령법** 형태를 제외하고는 **직설법**이라 하는 것으로서, 어느 상황을 사실로서 단정적으로 표현하는 것입니다. 예를 들자면
Er kommt heute.
   그는 오늘 옵니다.
Er ist gestern gekommen.
   그는 어제 왔습니다.

그렇지만 동사의 형태에는 직설법과 명령법의 형태 이외에도, **접속법**의 형태가 있습니다. 접속법은 어느 상황을 사실로서가 아니라, 단지 말로 들을 것이라든가 또는 상상한 것을 표현하는 데 쓰이는 것입니다(자세한 것은 189면 이하를 참조).

◆ 접속법의 형태는 **접속법 제1식**과 **접속법 제2식**으로 크게 구분됩니다.

② 접속법 만드는 법(1)
– 제1식 –

ich —— **e**	wir —— **en**
du —— **est**	ihr —— **et**
er —— **e**	sie —— **en**

Key Point 접속법 제1식은, 규칙적인 동사나 불규칙한 동사에 관계없이, 어간에 위의 표의 인칭 어미를 붙여서 만듭니다.

ich lach**e**	wir lach**en**
du lach**est**	ihr lach**et**
er lach**e**	sie lach**en**
ich schlaf**e**	wir schlaf**en**
du schlaf**est**	ihr schlaf**et**
er schlaf**e**	sie schlaf**en**

[주의] 단, sein은 단수에서 다음과 같이 됩니다(e가 붙지 않습니다).

ich **sei**, du **sei**[e]**st**, er **sei**

3 접속법 만드는 법 (2)
— 제 2 식 —

제 1 타입 :	ich — **te**	wir — **ten**
	du — **test**	ihr — **tet**
	er — **te**	sie — **ten**
제 2 타입 :	ich — **e**	wir — **en**
	du — **est**	ihr — **et**
	er — **e**	sie — **en**

Key Point 접속법 제2식은 직설법 과거형을 기초로 해서 만듭니다.

◆ 직설법 과거형을

(ㄱ) 어간모음을 바꾸지 않고 만드는 동사인가
 (예를 들면 lachen → lach–te)
(ㄴ) 어간모음을 바꾸어서 만드는 동사인가
 (예를 들면 kommen → kam)
에 따라서, 접속법 제2식을 만드는 법이 다릅니다.

◆ 어간모음을 바꾸지 않고 직설법 과거형을 만드는 동사(예를 들면 약변화동사 등)는, 어간에 위의 표 제 1 타입의 어미를 붙여서 만듭니다. 따라서 접속법 제 2 식과 직설법 과거형이 같은 형이 됩니다.

부정사		lachen	besuchen
과거형		lach–te	besuch–te
접속법 제2식	ich	lachte	besuchte
	du	lachtest	besuchtest
	er	lachte	besuchte
	wir	lachten	besuchten
	ihr	lachtet	besuchtet
	sie	lachten	besuchten

◆ 어간모음을 바꾸어 직설법 과거형을 만드는 동사(예를 들면 강변화동사 등)는, 그 과거형에(움라우트시키는 어간모음은 움라우트시킨 후) 앞면의 제2타입의 어미를 붙여서 접속법 제2식을 만듭니다. 단 직설법 과거형 그 자체가 -e로 끝난 것은, 어미의 -e를 생략합니다.

부정사		gehen	kommen	werden
과거형		ging	kam	wurde
접속법 제2식	ich	ginge	käme	würde
	du	gingest	kämest	würdest
	er	ginge	käme	würde
	wir	gingen	kämen	würden
	ihr	ginget	kämet	würdet
	sie	gingen	kämen	würden

4 접속법의 용법 (1)

— 간접화법 —

> Er sagte, er **komme** mit seiner Frau.
> 그는 그의 부인과 온다고 말했다.

누가 말한 것이나 생각한 것을 소개하는 식으로 화제에 올려 자기의 말로 고쳐서 간접적으로 말하는 것을 간접화법이라 합니다.
이때 전달하는 내용이 간접 인용임을 표시하기 위해서 접속법 제1식을 전달 내용문으로 씁니다.

◆ 위의 예문에서 daß 문장으로 하는 것도 가능합니다.

  Er sagte, **daß** er mit seiner Frau **komme**.

◆ 전달 내용문이 질문일 경우는 종속접속사로서 ob을, 또 요구일 때는 화법조동사 sollen, mögen을 씁니다.

  Er fragte mich, **ob** ich krank **sei**.
   그는 나에게, 내가 아픈지 안 아픈지를 물었다.
  Er sagte ihr, sie **solle** gleich **zurückkommen**.
   그는 그녀에게 곧 돌아오도록 말했다.

5 접속법의 용법(2)
- 비현실화법 등 -

> Wenn ich Zeit **hätte, ginge** ich ins Konzert.
> 만일 나에게 시간이 있으면, 나는 음악회에 갈 텐데.

Key Point 「만일…이라면, …일 텐데」처럼 사실과 반대되는 상황을 말하는 것을 비현실화법이라 합니다.
이때 가정적인 조건을 말하는 wenn문장과, 추론적 귀결을 말하는 주문장에서 접속법 제2식을 씁니다.

Wenn schönes Wetter **wäre, machten** wir einen Ausflug.
만일 날씨가 좋으면, 우리는 소풍을 갈 텐데.

◆ 현대 독일어에서는 특히 주문장의 접속법 제2식의 동사를 **würde**로 대체해 쓰는 경향이 두드러집니다. 그리고 접속법의 형태가 직설법 과거와 동일할 때는 특히 würde의 형식을 선호합니다.

Wenn ich Geld **hätte, würde** ich ins Kino **gehen.**
　　　　　(ginge ich ins Kino.)
만일 나에게 돈이 있다면, 영화관에 갈 텐데.

Wenn ich Zeit **hätte, würde** ich sie **besuchen.**
(besuchte ich sie.)
만일 나에게 시간이 있으면, 그녀를 방문할 텐데.

◆ 가정적 조건은 조건을 나타내는 부문장의 정동사를 (wenn 을 생략하고) 문장 앞에 두는 것으로도 표현할 수 있습니다.

Hätte ich Zeit, **ginge** ich ins Kino.
만일 나에게 시간이 있다면, 영화관에 갈 텐데.

◆ 가정적 조건은, 전치사구에 의해서도 표현할 수가 있습니다.

Ohne deine Hilfe **könnte** ich die Arbeit nicht so schnell abschließen.
너의 도움이 없었다면 나는 그 일을 그렇게 빨리 종결지을 수 없었을 텐데.

◆ 접속법의 기타 용법

① 요구화법 (접속법 제1식)
이것은 3인칭에 대한 명령을 나타내며, 주로 숙어적으로 쓰입니다.

Edel **sei** der Mensch, hilfreich und gut!
인간은 고결하고, 자비심 많고 또한 선량하기를!

② 비현실적 소원문 (접속법 제2식)
이것은 wenn 문장을 독립시킨 것입니다.

Wenn er doch bald **käme!**
그가 곧 와주면 좋을 텐데!

3 **als ob** 문장(주로 접속법 제 2 식)
이것은 비현실적인 비교 「마치…처럼」을 나타내는 것입니다.

Er sieht aus, **als ob** er krank **wäre.**
그는 마치 병에 걸린 것처럼 보인다.

4 외교적 접속법(접속법 제2식)
이것은 겸손한 주장이나 공손한 의뢰를 나타내는 것입니다.

Ich **hätte** Fragen. 질문이 있습니다만.
Könnten Sie das Fenster öffnen?
창문 좀 열어 주실 수 있겠습니까?

5 **zu** ~, **als daß** (주로 접속법 제2식)
이것은 어느 상황의 정도가 너무 심한 것을 나타냅니다.

Das Wasser ist **zu** kalt, **als daß** man baden **könnte.**
물이 너무 차서 수영할 수가 없다.

6 추량의 접속법
이것은 비현실적인 것이 아니라, 어느 상황에 관한 추측을 나타내는 것입니다.

Er **könnte** heute kommen.
그는 오늘 올지도 모르겠다.

6 접속법의 시제

	제 1 식	제 2 식
현재	er lache	lachte
과거	er habe ... gelacht	hätte ... gelacht
미래	er werde ... lachen	würde ... lachen
현재	er gehe	ginge
과거	er sei ... gegangen	wäre ... gegangen
미래	er werde ... gehen	würde ... gehen

 접속법의 시제는 주문장(또는 문맥)의 시점에서 보아, 그것과 같은 시점이든가, 그것 이전이든가, 또는 그 이후이든가의 세 종류 뿐입니다.

◆ 주문장(또는 문맥)과 같은 시점의 상황을 나타낼 때, 이 과의 2와 3에서 설명한 형태를 씁니다. 이러한 형태를 접속법 현재라고 하기도 합니다.

Ich habe kein Geld. Wenn ich Geld hätte, ginge ich ins Konzert...
나는 돈이 없다. 만일 나에게 돈이 있다면, 나는 음악회에 갈 텐데...

◆ 주문장(또는 문맥)보다 앞선 상황을 나타낼 때는, 직설법 현재완료형·과거완료형에 형식적으로 대응하는 〈본동사의 과거분사 + haben(sein)의 접속법〉 형식을 씁니다. 이러한 형태는 접속법 과거라 하기도 합니다.

Er sagte, daß er mit ihr ins Kino gegangen sei.
그는 그녀와 영화관에 갔었다 라고 말했다.
Wenn er Geld gehabt hätte, hätte er das Auto gekauft.
만일 그에게 돈이 있었다면, 그는 그 차를 샀었을 것이다.

◆ 주문장(또는 문맥)보다 시간적으로 뒤에 있을 것이라는 상황을 나타낼 때는, 접속법 현재를 그대로 쓰든가, 〈부정사 + werden의 접속법〉 형식을 씁니다. 후자의 형태를 접속법 미래라 하기도 합니다.

Er sagte, { **daß er die Prüfung bestehe.**
{ **daß er die Prüfung bestehen werde.**
그는 시험에 합격할 것이라고 말했다.
Für dich würde ich alles tun.
너를 위해서라면 나는 모든 것을 할 것인데.

연습문제

1 다음 도표를 완성하시오.

부정사	직설법 과거형	접속법 제1식 ich	er	접속법 제2식 ich	er
1) sein					
2) haben					
3) kommen					
4) gehen					
5) werden					
6) können					
7) verstehen					
8) denken					
9) sterben					
10) sitzen					
11) fahren					
12) beginnen					
13) mögen					
14) finden					
15) müssen					

2 다음 도표는 접속법 제1식, 제2식에 관한 인칭대명사표입니다. 공란을 메꾸어 완성하시오.

주어진 형	ich	du	er	wir	ihr	sie
1) sei						
2) wäre						
3) komme						
4) bliebe						
5) habe						
6) hätte						
7) solle						

3 다음 문장을 간접화법으로 바꾸어 쓰시오.
 1) Er sagte zu mir: „Ich komme mit!"
 2) Ich sagte zu ihm: „Ist dein vater krank?"
 3) Das Mädchen sagte zu ihrem Freund: „Du sollst gleich nach Hause kommen."
 4) Der Zollbeamte sagte zu mir: „Haben Sie etwas zu verzollen?"
 5) Unser Lehrer sagte zu uns: „Ich gehe nach Mannheim."

4 보기처럼 접속법 제2식을 써서 비슷한 내용의 문장을 만드시오.
 보기 : Ich habe weder Geld noch Zeit. Daher gehe ich nicht ins Konzert.
  → Wenn ich Geld und Zeit hätte, ginge ich ins Konzert.

1) Weil das Wetter schlecht ist, gehen wir nicht spazieren.
2) Weil du mir hilfst, kann ich diese Arbeit schreiben.
3) Das Mädchen liebt mich nicht. Ich kann nicht mit ihr tanzen.
4) Ich kann nicht schwimmen. Ich gehe nicht ins Schwimmbad.
5) Ich bin krank. Deshalb kann ich nicht Fußball spielen.

5 우리말로 옮기시오.
1) Bei schönem Wetter wären wir schon auf dem Spielplatz.
2) Wenn du damals nicht zu mir gekommen wärest, wäre ich schon tot.
3) Wenn die Bestätigung doch bald käme!
4) Ich hätte gern einige Fragen gestellt.
5) Würden Sie mir das Wort noch einmal erklären?
6) Ich hätte Sie gern gefragt.
7) Die Rakete ist zu schnell hingeflogen, als daß man sie erkennen könnte.
8) Vielleicht könnte die alte Frau noch einmal kommen.
9) Wenn ich damals reich gewesen wäre, hätte ich meine Frau nicht geheiratet.
10) Der Prophet sagte, daß ein großes Erdbeben bald geschehen werde.

Abschnitt 3

부 록

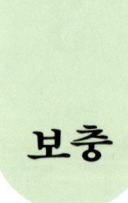

1 관사류의 명사적 용법

> Das hat doch **jeder** gewußt.
> 그것은 결국 모두가 알고 있었다.

관사류는 제8과(79~83면)에서 설명한 명사를 수식하는 부가어적 용법 이외에, 단독으로 명사적으로 쓰이는 용법이 있습니다. 격어미의 종류는 생략된 명사에 호응해서 결정됩니다.

jeder ⇐ jeder Mensch 모든 사람이(남성 1격)
Ich nehme **diesen** 나는 이것을 삽니다.
 (이를테면 **diesen** Mantel 대신)

◆ 부정관사류도 79면에서 열거한 정관사류의 격어미를 붙입니다.

Keiner will diese Arbeit machen.
아무도 이 일을 하려고 하지 않는다.

보충 ● 201

Ist das unser Bus? 이것이 우리들의 버스입니까?
— Nein, **Ihrer** steht dort hinten links.
— 아니오, 당신들의 것은 그 뒤 왼쪽에 있습니다.

 정관사를 대명사적으로 쓸 때는, 다음과 같은 격변화를 합니다 (관계대명사와 거의 같은 변화입니다만, 복수 2격형이 다릅니다).

	남성	여성	중성	복수
1격	der	die	das	die
2격	dessen	deren	dessen	derer
3격	dem	der	dem	denen
4격	den	die	das	die

관사일 때보다 강하게 발음하며, das와 dessen 이외에서는 어간모음을 길게 연장합니다.

Die kommt immer zu spät.
그 여자는 언제나 너무 늦게 온다.
Wie konnte **der** nur dein Vertrauen gewinnen!
어떻게 해서 그자가 너의 신용을 얻을 수 있었니!

[메모] 정관사의 이러한 용법은 인칭대명사보다도 지시력이 강한, **지시대명사**의 der라 합니다. 부정관계대명사 문장 중에서도 쏩니다(169~170면 참조).

② 비인칭 동사

> **Es regnet** heute. 오늘은 비가 오고 있다.

 어느 종류의 동사는 전혀 뜻이 없는 es를 형식적 주어로 하여, 자연현상이나 생리현상으로 일어나는 사건이나 사태를 나타냅니다. 이런 동사를 비인칭동사라 합니다.

◆ 자연현상을 나타내는 동사
Heute nacht **hat es geschneit**.
  아침결에 눈이 왔습니다.

◆ 생리현상을 나타내는 동사
Es friert mich. 나는 춥다.
단, 이때 다른 어구가 문장 선두에 오면, es는 생략됩니다.
Mich friert.

◆ 비인칭 숙어
  es gibt etw⁴ 무엇이 있다.
  es handelt sich um etw⁴ 무엇이 문제이다.

3 분사의 용법

ein **spielend—es** Kind 놀고 있는 아이
ein **verzogen—es** Kind 응석받이로 기른 아이

Key Point 분사에는 과거분사와 현재분사가 있습니다.

◆ 과거분사의 용법

1 완료형을 만듭니다 (125~126면 참조)

2 수동형을 만듭니다. (147면 참조)

3 부가어로서 : 타동사의 과거분사는 「…되다」라는 수동의 뜻으로, 자동사의 과거분사는 「…했다」라는 완료의 뜻이 됩니다. 이때 형용사에 준하는 어미를 붙입니다.

der von vielen Zeitschriften **gelobte** Film.
  많은 잡지에 의해서 찬양된 영화
  (←Der Film wird von vielen Zeitschriften gelobt.)
  그 영화는 많은 잡지에 의해 찬양된다.

der **angekommene** Gast 도착한 손님
  (←Der Gast ist angekommen. 손님이 도착했다.)

④ 술어구로서 :
Von den Feinden verfolgt, flüchten sie in die Stadt.
적들에게 쫓기어, 그들은 시내로 도망쳤다.
In der Stadt angekommen, ist er sofort ins Hotel gegangen.
도시에 도착하자, 그는 즉시 호텔로 갔다.

◆ 현재분사는 부정사에 -d를 붙여 만듭니다.

> schlafen 잠자다 ⇨ **schlafen–d**
> lächeln 미소짓다 ⇨ **lächeln–d**

단 : tun 하다 ⇨ **tu–en–d**
　　sein …이다 ⇨ **sei–en–d**
「…진행하고 있다」「…하고 있다」의 뜻으로 쓰입니다.

① 부가어로서 : 형용사에 준하는 어미를 붙입니다.
ein **schlafendes** Kind 잠자고 있는 아이

② 부사로서 :
Er grüßt mich **lächelnd.**
그는 미소지으며 나에게 인사한다.

4 수사

◆ 기수

0 ⇨ null	13 ⇨ dreizehn[1]	1) 13부터는 「3과 10」처럼 읽습니다.
1 ⇨ eins	14 ⇨ vierzehn	
2 ⇨ zwei	15 ⇨ fünfzehn	
3 ⇨ drei	16 ⇨ **sechzehn**[2]	2) 약간 형태가 바뀝니다.
4 ⇨ vier	17 ⇨ **siebzehn**[2]	
5 ⇨ fünf	18 ⇨ achtzehn	3) 20 등은 -zig가 됩니다.
6 ⇨ sechs	19 ⇨ neunzehn	
7 ⇨ sieben	20 ⇨ **zwanzig**[3]	
8 ⇨ acht	21 ⇨ einundzwanzig	
9 ⇨ neun	22 ⇨ zweiundzwanzig	
10 ⇨ zehn	23 ⇨ dreiundzwanzig	
11 ⇨ elf	24 ⇨ vierundzwanzig	
12 ⇨ zwölf	25 ⇨ fünfundzwanzig	

30 ⇨ **dreißig**	90 ⇨ neunzig
40 ⇨ vierzig	100 ⇨ hundert
50 ⇨ fünfzig	101 ⇨ hundert[und]eins
60 ⇨ **sechzig**	102 ⇨ hundert[und]zwei
70 ⇨ **siebzig**	200 ⇨ zweihundert
80 ⇨ achtzig	

555 ⇨ fünfhundertfünfundfünfzig
1 000 ⇨ [ein]tausend
6 000 ⇨ sechstausend
10 000 ⇨ zehntausend
60 000 ⇨ sechzigtausend
100 000 ⇨ hunderttausend
600 000 ⇨ sechshunderttausend
1 000 000⇨ eine Million
6 000 000⇨ sechs Millionen
1 984 ⇨ [ein]tausendneunhundertvierundachtzig

[주] 천 단위에서 숫자 사이를 띄어 씁니다.

◆ 연대는 두 자리씩 띄어 읽습니다.

1991년 ⇨ neunzehnhunderteinundneunzig

◆ 서수

제 1 의 ⇨ **erst**　　　　제 6 의 ⇨ sechst
제 2 의 ⇨ zweit　　　　제 7 의 ⇨ siebt
제 3 의 ⇨ **dritt**　　　　제 8 의 ⇨ **acht**
제 4 의 ⇨ viert　　　　제 9 의 ⇨ neunt
제 5 의 ⇨ fünft　　　　제10의 ⇨ zehnt

진한 부분을 제외하고 거의 전부가 기수에 -t(영어의 th에 해당하는 것)를 붙여서 만듭니다.

11에서 19까지도 전부 기수에 **-t**를 붙여 만듭니다.

제11의 ⇨ elft   제18의 ⇨ achtzehnt

20이상은 기수에 **-st**를 붙여서 만듭니다.

제20의 ⇨ zwanzigst   제100의 ⇨ hundertst
제60의 ⇨ sechzigst   제1000의 ⇨ tausendst

연습문제 해답

제 1 과

1. 1) lernen 3) essen 5) sein
   8) lächeln
2. 1) lern | en 3) ess | en 5) sei | n
   8) lächel | n
3. 1) Ich **lerne** Deutsch. (나는 독일어를 배운다.)
   2) Du **trinkst** Bier. (너는 맥주를 마신다.)
   3) Er **trinkt** Wein. (그는 와인을 마신다.)
   4) Wir **trinken** Milch. (우리들은 우유를 마신다.)
   5) Sie **arbeiten** wenig. (당신은 거의 일하지 않는다.)
   6) Sie **arbeitet** wenig. (그녀는 거의 일하지 않는다.)
4. 1) Ich **bin** Lehrer. (나는 선생님이다.)
   2) Du **bist** auch Lehrer. (당신도 선생님이다.)
   3) Er **ist** Student. (그는 대학생이다.)
   4) Sie **ist** Lehrerin. (그녀는 여교사이다.)
   5) Sie **sind** fleißig. (그들은 근면하다.)
5. 1) Ich **habe** Hunger. (나는 배가 고프다.)
   2) Du **hast** Durst. (너는 목이 마르다.)
   3) Er **hat** Angst. (그는 불안하다.)
   4) Sie **hat** auch Angst. (그녀도 불안하다.)

5) Sie **haben** Mut.(당신들은 용기가 있다.)
6) Sie **haben** auch Mut.(그들 역시 용기가 있다.)
7) Wir **haben** Geld.(우리들은 돈을 가지고 있다.)

6 1) Ich **werde** gesund.(나는 건강해진다.)
2) Er **wird** krank.(그는 병에 걸린다.)
3) Sie **wird** hübsch.(그녀는 아름다워진다.)
4) Sie **werden** müde.(당신은 피곤해진다.)
5) Ihr **werdet** auch müde.(너희들도 피곤해진다.)

7 1) ich läch[e]le, du lächelst, er lächelt, wir lächeln
2) ich wand[e]re, du wanderst, er wandert, ihr wandert, Sie wandern
3) ich änd[e]re, du änderst, Sie ändern

제2과

1 Essen, Zeit, Angst

2 1) der Baum   ein Baum   2) die Mutter   eine Mutter
     des Baum[e]s eines Baum[e]s   der Mutter   einer Mutter
     dem Baum   einem Baum   der Mutter   einer Mutter
     den Baum   einen Baum   die Mutter   eine Mutter

   3) das Kind   ein Kind   4) der Onkel   ein Onkel
      des Kindes eines Kindes   des Onkels   eines Onkels
      dem Kind   einem Kind   dem Onkel   einem Onkel
      das Kind   ein Kind   den Onkel   einen Onkel

   5) der Fluß   ein Fluß   6) das Heft   ein Heft
      des Flusses eines Flusses   des Heft[e]s eines Heft[e]s
      dem Fluß   einem Fluß   dem Heft   einem Heft
      den Fluß   einen Fluß   das Heft   ein Heft

3] 1) ① Der Freund **singt** gut.
       (그 친구는 노래를 잘 부른다.)
    ② Der Vater und die Mutter **singen** gut.
       (아버지와 어머니는 ……)
    ③ Das Mädchen **singt** gut.(그 소녀는……)
  2) ① Der Freund **winkt** dem Studenten.
       (그 친구가 그 대학생에게 신호한다.)
    ② Der Vater und die Mutter **winken** dem Studenten.(아버지와 어머니가……)
    ③ Das Mädchen **winkt** dem Studenten.
       (그 소녀가……)
  3) ① Ich liebe **den** Freund.
       (나는 그 친구를 사랑하고 있다.)
    ② Ich liebe **den** Vater und **die** Mutter.
       (나는 아버지와 어머니를……)
    ③ Ich liebe **das** Mädchen.(나는 그 소녀를……)

4] 1) Ich kenne **ein*** Mädchen. **Das** Mädchen liebt **einen** Studenten. **Der** Student studiert Jura.
     (나는 어느 소녀를 알고 있다. 그 소녀는 어느 학생을 사랑하고 있다. 그 학생은 법학을 배우고 있다.)
  2) **Die** Sonne scheint heute schwach.
     (오늘은 햇볕이 약하다.)
  3) Ich lese **ein*** Buch. **Das** Buch heißt „Faust".
     (나는 어느 책을 읽고 있다. 그 책의 제목은 「파우스트」라 한다.)
  4) **Die** Gesundheit ist wichtig.(건강은 중요하다.〔주: 예를 들어, 눈 앞에 있는 소녀를 가리킬 때는 das도 쓰인다.〕)

제 3 과

1 1) Sie kauft heute ein Buch.
   2) Kauft sie heute ein Buch?
   3) Was kauft sie heute?
   4) Wer kauft heute ein Buch?

2 1) ① Eine Zeitung kauft die Frau jetzt.
         (신문을 그 여성은 지금 사고 있다.)
      ② **Was** kauft die Frau jetzt?
   2) ① Aus Seoul kommt der Student.
         (그 학생은 서울 출신입니다.)
      ② **Woher** kommt der Student?
   3) ① In Heidelberg studieren Maria und Hans Jura. (하이델베르크(대학)에서 마리아와 한스는 법률을 공부하고 있다.)
      ② **Wo** studieren Maria und Hans Jura?
   4) ① Maria liebt er. (마리아를 그는 사랑하고 있다.)
      ② **Wen** liebt er?
   5) ① Nach München fahre ich morgen.
         (뮌헨으로 나는 내일 차로 갑니다.)
      ② **Wohin** fahre ich morgen?

3 1) **Wem** helfen wir? (누구를 우리는 돕는 것입니까?)
   2) **Was** essen wir heute abend?
         (오늘 저녁에 무엇을 먹을까?)
   3) **Wessen** Platz ist das? (이것은 누구의 좌석입니까?)
   4) **Wer** liebt mich? (누가 나를 사랑하는 것일까?)
   5) **Wen** liebst du? (누구를 너는 사랑하고 있는가?)

제 4 과

[1] 1) 역 맞은 편에 텔레비전탑이 서 있다.
2) 문 앞까지 주인이 손님을 안내한다.
3) 그는 저녁 때까지 아주 부지런히 공부한다.
4) 프랑크푸르트 암마인 공항은 유럽 항공교통의 중심지이다.
5) 식사 때는 담배를 피우지 않는 법이다.

[2] 1) Sie geht **durch die** Tür.
2) Wir wohnen **bei einem** Freund.
3) **Nach dem** Essen spülen wir das Geschirr.
4) Der Lehrer wohnt **außerhalb der** Stadt.
5) **Während des** Urlaubs geht sie zu den Eltern.
6) Das Kind geht **zu** dem Onkel.
7) **In dem** Garten spielen sie jetzt.
8) Wer hängt das Bild **an die** Wand?
9) Das Bild hängt jetzt **an der** Wand.
10) **Hinter den** Tisch stellt er einen Kühlschrank.

[3] 1) ① 소녀가 꽃병을 책상 위에 놓는다.
　　② 그 꽃병은 지금 책상 위에 있다.
2) ① 그녀는 열쇠를 자물쇠에 꽂는다.
　　② 그 열쇠는 지금 자물쇠에 꽂혀 있다.
3) ① 나는 그 개를 사슬에 묶는다.
　　② 그 개는 지금 사슬에 묶여 있다.
4) ① 그는 집 옆에 차고를 짓는다.
　　② 그 차고는 지금 집 옆에 있다.
5) ① 그 학생은 집 앞으로 간다.
　　② 그는 지금 집 앞에 서 있다.

6) ① 그 아이는 사과나무 밑으로 간다.
   ② 그 아이는 지금 사과나무 밑에서 놀고 있다.
7) ① 식후에 나는 잡니다. ② 에센으로는 자동차로 갑니다.
8) ① 영화관으로 갑니까? ② 아니, 집에 있어요.

제 5 과

① 1) Ich helfe gern **der** Mutter.
   (나는 기꺼이 어머님을 돕습니다.)
2) Er fragt **die** Frau nach dem Weg.
   (그는 그 부인에게 길을 묻는다.)
3) Sie ist dem Vater ähnlich.(그녀는 아버지를 닮았다.)
4) Wir grüßen **die** Lehrerin.
   (우리들은 (그 여)선생님에게 인사한다.)

② 1) Er dankt **dem** Lehrer für das Geschenk.
   (그는 선생님에게 선물에 대해 감사한다.)
2) Das Programm dient **der** Erforschung des Weltalls.(이 프로그램은 우주 연구에 공헌한다.)
3) Er droht **der** Frau mit einem Stock.
   (그는 그 여성을 몽둥이로 위협한다.)
4) Er folgt **dem** Vater ins Haus.
   (그는 아버지를 따라 집으로 들어간다.)
5) Er winkt **dem** Kellner mit der Hand.
   (그는 손을 흔들어 종업원에게 신호한다.)
6) Sie ändern das Programm.
   (그들은 프로그램을 변경한다.)
7) Sie faßt **die** Studentin an der Hand.
   (그녀는 그 여대생의 손을 잡는다.)

8) Er holt **den** Anzug vom Schneider.(그는 재단사로부터 양복을 찾아온다.)

3 1) Ein Ausländer fragt mich **nach** dem Weg zur Bank.(어느 외국인이 나에게 은행으로 가는 길을 묻는다.)
2) Das Mädchen besteht auf dem Kauf des Pelzmantels.(그 소녀는 모피 코트를 사겠다고 고집한다.)
3) Das Wasser besteht **aus** Wasser- und Sauerstoff.(물은 수소와 산소로 되어 있다.)
4) Sie sind sehr stolz **auf** den Sohn.(그들[당신(들)]은 아들을 매우 자랑하고 있다.)

제 6 과

1 1) Das Kind **schläft** gut.(그 아이는 잘 자고 있다.)
2) Du **arbeitest** fleißig.(너는 부지런히 일한다.)
3) Du **redest** immer zu viel.(너는 언제나 너무 많이 말을 한다.)
4) Ich **reise** gern.(나는 여행을 좋아한다.)
5) Das Mädchen **tanzt**.(그 소녀는 댄스를 한다.)
6) Du **ißt** im Restaurant und **fährst** nach Hause.(너는 레스토랑에서 식사하고, 집으로 돌아간다.)
7) Das Mädchen **nimmt** gleich Abschied und **fährt** zum Bahnhof.(그 소녀는 곧 작별하고, 역으로 간다.)
8) Er **tritt** in das Zimmer sehr vorsichtig.(그는 매우 조심스럽게 그 방으로 들어간다.)
9) Der Vater des Kindes **ißt** gern Käse.(그 아이의 아버지는 치즈를 좋아한다.)

10) Den ganzen Tag **sitzt** er auf dem Stuhl und **liest** einen Krimi.(하루 종일 그는 의자에 앉아 탐정소설을 읽는다.)

제7과

1 1) 단수 4격 Student/Studenten.(나는 어느 학생을 알고 있다.)
   2) 복수 1격 Onkel/Onkel.(아저씨는 두 사람 다 부자다.)
   3) 복수 3격 Kind/Kinder.(아이들과 노는 것을 나는 좋아한다.)

2 1) **Sie haben** immer Fragen.(그들은 늘 의문을 가지고 있다.)
   2) Der Junge schenkt der Freundin **Blumen**.(그 젊은이가 여자 친구에게 꽃을 선사한다.)
   3) **Die Autos sind** nicht teuer.(자동차는 비싸지 않습니다.)
   4) In **dem Berg** wohnt ein Zwerg.(그 산 속에서 한 난쟁이가 살고 있다.)
   5) Das Haus hat **Fenster** und **Türen**.(그 집은 창도 문도 있습니다.)
   6) Du machst **Fehler**.(너는 (몇몇) 실수를 한다.)

| 제 8 과 |

1 1) Welcher Mann liebt das Mädchen?(어느 남자가 그 처녀를 사랑하고 있는가?)
  2) Welchen Mann liebt das Mädchen?(그 처녀는 어느 남자를 사랑하고 있는가?)
  3) Mit welchem Mann fährt das Mädchen nach Berlin?(어느 남자와 그 처녀는 베를린으로 가는가?)

2 1) mein Auto
  2) seine Eltern
  3) das (또는 die) Fenster deines Autos
  4) das (die) Fenster seines Autos
  5) uns[e]ren Freunden

3 1) Mein Auto ist grün.(나의 차는 초록색이다.)
  2) Seine Eltern wohnen in Kyŏngju(그의 부모님은 경주에서 살고 있다.)
  3) Das (Die) Fenster deines Autos ist (sind) klein.(너의 차의 창문은 작다.)
  4) Ich mache das (die) Fenster seines Autos sauber.(나는 그의 차의 창문을 깨끗하게 한다.)
  5) Wir danken uns[e]ren Freunden für die Hilfe.(우리들은 우리 친구의 도움에 감사한다.)

제 9 과

1 **A** 1) der   kluge   Mann   2) diese hübsche Frau
       des   klugen   Mannes   dieser hübschen Frau
       dem   klugen   Mann   dieser hübschen Frau
       den   klugen   Mann   diese hübsche Frau
    3) jedes   gute   Kind
       jedes   guten   Kindes
       jedem   guten   Kind
       jedes   gute   Kind

   B 1) ein   schnelles Auto   2) keine gute   Arbeit
          eines   schnellen Autos   keiner guten   Arbeit
          einem   schnellen Auto   keiner guten   Arbeit
          ein   schnelles Auto   keine gute   Arbeit
       3) ihr   neues   Kleid   4) unsere alten   Eltern
          ihres   neuen   Kleides   unserer alten   Eltern
          ihrem   neuen   Kleid   unseren alten   Eltern
          ihr   neues   Kleid   unsere alten   Eltern
       5) kein   fleißiger Student 6) ihre   langen   Ferien
          keines   fleißigen Studenten   ihrer   langen   Ferien
          keinem   fleißigen Studenten   ihren   langen   Ferien
          keinn   fleißigen Studenten   ihre   langen   Ferien

   C 1) kalter   Wein   2) kühles Bier
          kalten   Weins   kühlen Biers
          kaltem   Wein   kühlem Bier
          kalten   Wein   kühles Bier

3)	warme	Suppe	4) lange	Ferien
	warmer	Suppe	langer	Ferien
	warmer	Suppe	langen	Ferien
	warme	Suppe	lange	Ferien

[주의] 관사류와 형용사가 결합해서 성·격을 표시하고 있는 것을 확인할 것.

2 1) Ein neues Haus steht vor dem großen Baum.(새 집이 큰 나무 앞에 서 있다.)
   2) Zu guten Kindern ist der liebe Nikolaus immer freundlich. (착한 아이들에게 니콜라우스는 언제나 친절하다.)
   3) Dieser kleine Hund gehört der hübschen Tochter eines reichen Arztes.(이 작은 개는 어느 돈 많은 의사의 예쁜 딸의 것이다.)
   4) Er ist zu allen Menschen freundlich, vor allem zu hübschen und jungen Damen. (그는 모든 사람들에게 친절하다, 특히 예쁘고 젊은 여성에게는.)
   5) Jeder gute Mensch kommt in den Himmel.(모든 착한 사람은 천당으로 온다.)

제10과

1 나는 학생이다. 나의 친구의 이름은 한스라 한다. 그도(Er=Hans) 학생이다. 그에게는 여자친구가 있으며, 안나라 한다. 그들(Sie=Anna와 Hans)은 자주 영화관에 간다. 나는 한스에게 「안나가(너 dir=Hans)의 마음에 드느냐?」고 묻는다. 그(Er=Hans)는 「그녀(Sie=Anna)는 근사해. 그녀(ihr=Anna)에게 아주 만족해. 그녀(Sie=Anna)는 나를 언제나 도와 주고 있어」라고 대답한다.

2 1) ... **Er fährt damit** nach Seoul.(그의 아버지는 그에게 자동차 한 대를 사준다. 그는 그것으로 서울에 간다.)

2) An der Tür steht ein Tisch, **davor** ein Sessel. (문 곁에 책상이 있고, 그 앞에 의자가 있다.)

3) Das Buch liegt weder auf dem Tisch, noch **darunter,** und noch **daneben.**(그 책은 책상 위에도, 그 밑에도, 그리고 그 옆에도 없습니다.)

3 1) ① 누구 생각을 하고 있니? ② 무엇 생각을 하고 있니?

2) ① 누구를 기다리고 있니? ② 무엇을 기다리고 있니?

3) ① 그는 다른 남자의 손을 씻어 준다.
② 그는 자기 손을 씻는다.

4) ① 그들은 서로 돕는다.
② 그들은 항상 (그들과는 다른) 저 사람들을 도와준다.

4 1) 그는 사랑에 빠지는 일이 없다.

2) 한 남자가 역으로 가는 길을 묻는다.

3) 이 일에서 나는 누구에게도 일을 맡겨둘 수가 없다.

4) 얌전히 하고 있어요!

5) 걸상에 나의 아버지는 앉는다.

제11과

1
1) ab(<abfliegen)그는 내일 김포에서 떠납니다.
2) statt(<stattfinden) 운동회가 내일 개최된다.
3) 없음. 나는 책 대신 신문을 읽는다.
4) 없음. 나는 그를 기다린다.
5) auf(<aufhören)벌써 그만두는 것입니까?
6) 없음. 괴테에 관해서 그는 오늘 이야기합니다.
7) über (<übersetzen)그는 나룻배로 우리들을 건네준다.

2
× erfahren, vergehen, befahren
○ abfahren, mitfahren, stattfinden
△ durchfahren, wiederholen, überstehen, übersetzen, umfahren

3
1) Er lädt sie zum Essen ein.
2) Wie spricht man dieses Wort aus?
3) Die Tante bringt uns einen Kuchen mit.

제12과

1
1) Er **fragte** mich nach dem Weg zur Kirche.(그는 나에게 교회로 가는 길을 물었다.)
2) Er **wartete** noch auf die Freunde.(그는 아직도 친구들을 기다리고 있었다.)
3) Sie **rechnete** sicher mit dem Erfolg. (그녀는 틀림없이 성공을 계산에 넣고 있었다.)

4) Ich **fuhr** mit dem Auto zur Uni.(나는 차로 대학에 갔다.)
5) Das Kind **schlief** bald ein.(그 아이는 곧 잠들었다.)
6) **Kanntest** du dieses Mädchen?(이 소녀를 알고 있었니?)
7) Das **wußte** ich schon.(그것을 나는 이미 알고 있었다.)
8) 100 Mark **bekam** ich dafür.(그것에 대해 나는 100 마르크를 받았다.)

2 1) Sie fragte ...   2) Sie **warteten** ...
   3) Sie **rechneten** ...   4) Wir **fuhren** ...
   7) Das **wußten** wir ...
   8) 100 Taler **bekamen** wir ...

제13과

1 1) **sprechen** sprach   gesprochen 말하다
   2) gefallen   **gefiel**   gefallen   마음에 들다
   3) fallen   **fiel**   gefallen   떨어지다
   4) auffallen   **fiel auf** aufgefallen 눈에 띄다
   5) **studieren** studierte   studiert   (대학에서) 공부하다
   6) **abfahren** fuhr ab   abgefahren 출발하다
   7) suchen   **suchte**   gesucht   찾다, 시도하다
   8) besuchen   **besuchte** besucht   방문하다
   9) aufsuchen   **suchte auf** aufgesucht 만나러 가다
   10) **sein**   war   gewesen   있다

2 1) Du **warst** noch jung.(너는 아직 젊었었다.)
      Er **war** ...; Wir **waren** ...
   2) Du **kamst** bei mir gut an.(너는 내 마음에 들었었다 [너는 나에게 무사히 도착했다.]) Ihr **kamt** ... an; Sie **kam** ... an.
   3) Ich **hatte** kein Geld.(나에게는 돈이 없었다.)
      Er **hatte** ...; Wir **hatten** ...
   4) Du **wurdest** plötzlich ganz schwach.(너는 갑자기 의식을 잃었었다.) Er **wurde**...; Ihr **wurdet** ...
   5) Ich **hatte** noch Mut.(나에게는 아직 용기가 있었다.)
      Ihr **hattet** ...; Sie **hatten** ...
   6) Er **brachte** mir Brot mit.(그는 나에게 빵을 가지고 왔다.) Du **brachtest** ...; Ihr **brachtet** ...
   7) Das **akzeptierte** ich.(그것을 나는 받아들였다.)
      Das **akzeptierten** wir.
   8) Ich **kochte** gern.(나는 요리하기 좋아했다.)
      Sein Sohn **kochte** ...; Wir **kochten** ...

제15과

1 1) Ich habe (Ihr habt) auf den Mann die ganze Zeit gewartet.(나는 [너희들은] 그 남자를 죽 기다리고 있었다.)
   2) Ich bin (Du bist) nach Seoul gefahren.(나는 [너는] 서울로 갔다.)
   3) Mein Vater ist (Wir sind) von Kimpo nach Frankfurt abgeflogen. (나의 아버지는 [우리들은] 김포에서 프랑크푸르트로 비행기로 떠났다.)

4) Du hast (Er hat) einen neuen Wagen gekauft.(너는 [그는] 새 차를 샀다.)
5) Ich bin (Du bist) Arzt geworden.(나는 [너는]의사가 되었다.)
6) Er ist (Diese Raucher sind) an Lungenkrebs gestorben.(그는 [이 끽연자들은] 폐암으로 죽었다.)
7) Ich habe (Das Mädchen hat) im Bodensee 3 Stunden geschwommen.(나는 [그 소녀는] 보덴호수에서 세 시간 헤엄쳤다.)
8) Ich habe (Du hast) 3 Stück Kuchen gegessen.(나는 [너는] 케이크 세 조각을 먹었다.)

2 1) ○ ① 그는 독일로 (비행기 타고) 떠났다.
　　　② 그는 그래서 이제 더 이상 한국에는 없다.
2) ○ ① 그는 그 당시 안나를 매우 사랑했다.
　　　② 그는 안나를 더 이상 사랑하지 않는다.
3) ○ ① 나의 아저씨는 부자였다.
　　　② 그는 이제 더 이상 부자가 아니다.
　　행위나, 이동, 상태의 변화 등, 완료된 상태로 현재에 이르고 있다는 점에 유의하여야 함.

제16과

1

ich	kann	darf	muß	mag	will	soll
du	kannst	darfst	mußt	magst	willst	sollst
er	kann	darf	muß	mag	will	soll
wir	können	dürfen	müssen	mögen	wollen	sollen
ihr	könnt	dürft	müßt	mögt	wollt	sollt
Sie	können	dürfen	müssen	mögen	wollen	sollen

2 1) Hans muß morgen nach Seoul fliegen.
   (한스는 내일 서울로 (비행기 편에) 가야만 한다.)
2) Gestern konnte ich ihn telefonisch erreichen.
   (어제 나는 그에게 전화를 걸 수 있었다.)
3) Mein Bruder kann sehr gut schwimmen.(내 형
   (동생)은 아주 잘 헤엄칠 수 있습니다.)
4) Vielleicht mag er die Wahrheit wissen.(혹시 그
   는 진실을 알고 있는지도 모르겠다.)
5) Darf ich das Fenster aufmachen?(창문을 열어도
   괜찮겠습니까?)
6) Wolltest du damals Fräulein Dur heiraten?
   (그 당시 너는 두어 양과 결혼하고 싶었었지?)
7) Soll ich Ihren Koffer tragen?(당신의 트렁크를 들
   까요?)

3 1) Das kann (mag) wahr sein.
2) In diesem Zimmer darf (soll) niemand rauchen.
3) Der Täter will gestern in Taegu gewesen sein.

제17과

1 1) 이 창문은 자동으로 열립니다(열려집니다).
2) 그 편지는 곧 쓰여집니다. 3) 그 나무가 벌채된다.
4) 그는 곧 소환된다.   5) 우리들은 다 식사에 초대된다.

2 1) Das Fenster **wurde** …
2) Der Brief **wurde** …

3) Der Baum **wurde** ⋯
4) Er **wurde**⋯
5) Wir **wurden** ⋯

3 1) Die ganze Stadt wird oft durch den Taifun zerstört.(전체 시(내)가 빈번히 태풍으로 파괴된다.)
2) Seine Leistung überraschte mich.(그의 업적이 나를 놀라게 한다.)
3) Meiner Mutter wird [von ihnen] geholfen.(나의 어머니는 그들에 의해 도움을 받는다.)
4) Man klatscht sehr lange.(박수가 매우 오래 계속된다.)
5) Der Arzt wurde von meiner Tochter gefragt.(그 의사는 나의 딸에 의해 질문을 당했다.)
6) Eine reiche Frau wurde von diesem Mann ermordet.(어느 부유한 부인이 이 남자에게 살해되었다.)

제18과

1 1) **Weil** wir im Sommer nach Deutschland fahren wollen, üben wir fleißig Deutsch.(우리는 여름에 독일로 가고 싶기 때문에, 부지런히 독일어를 배우고 있다.)
2) Er wurde krank und mußte **deshalb** das Konzert absagen.(그는 병에 걸렸다. 그래서 음악회는 단념해야 했다.)
3) Er fehlt heute, **denn** sein Vater ist aus München gekommen.(그는 오늘 결석이다. 왜냐하면 그의 아버지가 뮌헨에서 오셨기 때문이다.)

4) Was kann man noch machen, **wenn** man **weder** Geld **noch** Zeit hat?(돈도 시간도 없다면, 대체 무엇을 할 수 있단 말인가?)
5) **Wenn** ich den Opa besuchte, gab er mir immer Taschengeld.(할아버지를 방문하였을 때는, 그는 언제나 나에게 용돈을 주셨다.)
6) **Bevor** du ins Bett gehst, mußt du deine Zähne putzen.
 (잠자리에 들기 전에, 너는 이를 닦아야 한다.)
7) Er gab mir deutsche Kassetten, **damit** ich besser Deutsch üben kann.(그는 나에게, 내가 독일어를 더 잘 연습할 수 있도록 독일어 카세트를 주었다.)
8) Der Lehrer fragte die Schüler, **ob** sie das begriffen haben.(선생님은 학생에게 그들이 이것을 이해하였는지 못했는지를 물었다.)
9) **Obwohl (Weil)*** er reich ist, ist er geizig.
 (그는 부자인데도 불구하고 (부자이기 때문에) 인색하다.)
10) **Als** ich 3 Jahre alt war, kam mein Bruder auf die Welt.(내가 세 살 때, 나의 동생이 출생했다.)
11) Ich heiße nicht Rea, **sondern** Lea.(나의 이름은 레아(Rea)가 아니라, 레아(Lea)입니다.)

[주의] 「부자」를 어떻게 보느냐에 따라, 두 가지가 가능함.

제19과

1 1) ○ 독일로 가는 것　　2) × 나의 아저씨에게
　 3) × 3킬로 만큼 체중이 붇다　4) ○ 3킬로 만큼 체중이 붇기
　 5) ○ 거기에 있는 것　　6) × 우선 우체국, 그리고 아침밥
　 7) × 교회로　　　　　　8) ○ 나를 돕지 않고
　 9) × 그것을 약속하다　 10) ○ 그것을 말하기

2 1) 그는, 나의 형(동생)을 돕기 위해 거기로 갔다.
　 2) 와인을 마시는 대신, 우리들은 맥주를 주문한다.
　 3) 그는 시험에 합격하기 위해 부지런히 공부한다.
　 4) 나에게 한마디도 말하지 않고, 그는 나에게서 떠나가 버렸다.
　 5) 사실을 말하자면, 그는 이미 결혼하였다.

제20과

1 1) 네가 어제 산 책은 어디 있니?
　 2) 나의 아저씨가 꽃을 그 아이에게 주었더니 그 아이는 아주 기뻐하였다.
　 3) 나는 거기 홀로 앉아 있는 그 소녀를 돕는다.
　 4) 나의 아버지의 차는 메르세데스벤츠입니다.
　 5) 나는 그의 아들이 의학을 공부하고 있는 남자를 안다.
　 6) 한번 거짓말 한 사람은, (거짓말을 숨기기 위하여) 또 거짓말을 하게 된다.

2 1) Das Buch, das du dir gekauft hast, ist interessant.(네가 산 책은 재미있다.)
　 2) Die Kamera, die mir gut gefallen hat, ist sehr teuer.(내 마음에 아주 드는 이 카메라는 매우 비싸다.)

3) Ich fahre mit dem Auto nach Seoul, das ich mir gestern gekauft habe.(나는 어제 산 이 차로 서울에 간다. [das이하의 관계문은 Auto 다음에 넣어도 좋다])
4) Möchtest du die Stadt wissen, wo (in der) ich wohne?(너는 내가 살고 있는 도시를 알고 싶니?)

제21과

1 1) Mein Haus ist **größer** als dein Haus.(나의 집은 너의 집보다 크다.)
2) Sein Auto fährt **schneller** als mein Auto.(그의 차는 내 차보다 빨리 달린다.)
3) Die Kirche liegt **näher** als das Postamt.(교회는 우체국보다 가깝다[가까운 곳에 있다].)

2 1) 중년 여성 쪽이, 비교적 젊은 소녀보다 매력적이다.
2) 그는 실제로는 24세에 불과하지만, 중년처럼 보인다.
3) 시험 전에 가장 부지런한 학생이 몇몇은 있지만, 그러나 매일 규칙적으로 조금씩 공부하는 것이 외국어 습득에는 더욱 더 좋다.
4) 그는 독일어를 한국말처럼 잘 말할 수 있다.
5) 빠르면 빠를수록 좋다.

제22과

1] 1) Entschuldige [bitte]!(실례!) Entschuldigt [bitte]!
2) Rauche nicht hier!(여기서는 담배를 피우지 마!) Raucht ...
3) Nimm [bitte] Platz!(앉아라!) Nehmt ...
4) Setz[e] dich!(앉아요!) Setzt euch!
5) Sprich [bitte] langsamer!(더 천천히 말해다오!) Sprecht ...
6) Sieh[e](보라!) Seht!
7) Bring mir [bitte] noch eine Tasse Kaffee!(커피 한 잔 더 가지고 와요!) Bringt ...
8) Iß alles auf!(다 먹어라!) Eßt ...
9) Sei nicht traurig!(슬퍼하지 마!) Seid ...
10) Beeile dich!(서둘러!) Beeilt euch!
11) Wart[e] doch auf mich!(기다려 다오!) Wartet ...

제23과

1

부정사	직설법 과거형	접속법 제1식 ich	접속법 제1식 er	접속법 제2식 ich	접속법 제2식 er
1) sein	war	sei	sei	wäre	wäre
2) haben	hatte	habe	habe	hätte	hätte
3) kommen	kam	komme	komme	käme	käme
4) gehen	ging	gehe	gehe	ginge	ginge
5) werden	wurde	werde	werde	würde	würde
6) können	konnte	könne	könne	könnte	könnte
7) verstehen	verstand	verstehe	verstehe	verstünde	verstünde
8) denken	dachte	denke	denke	dächte	dächte
9) sterben	starb	sterbe	sterbe	stürbe	stürbe
10) sitzen	saß	sitze	sitze	säße	säße
11) fahren	fuhr	fahre	fahre	führe	führe
12) beginnen	begann	beginne	beginne	begänne	begänne
13) mögen	mochte	möge	möge	möchte	möchte
14) finden	fand	finde	finde	fände	fände
15) müssen	mußte	müsse	müsse	müßte	müßte

2

주어진형	ich	du	er	wir	ihr	sie
1) sei	sei	seiest	sei	seien	seiet	seien
2) wäre	wäre	wärest	wäre	wären	wäret	wären
3) komme	komme	kommest	komme	kommen	kommet	kommen
4) bliebe	bliebe	bliebest	bliebe	blieben	bliebet	blieben
5) habe	habe	habest	habe	haben	habet	haben
6) hätte	hätte	hättest	hätte	hätten	hättet	hätten
7) solle	solle	sollest	solle	sollen	sollet	sollen

3 1) Er sagte mir, er komme mit. (... daß er mitkomme의 형도 가하다. 이하 생략) 만일 날씨가 좋으면, 산책을 나가겠는데.

2) Ich sagte ihm, ob sein Vater krank sei.(나는 그에게 「너의 아버지는 아프시니?」하고 물었다.)

3) Das Mädchen sagte zu ihrem Freund, er solle gleich nach Hause kommen.
(그 소녀는 남자친구에게 「곧 집으로 와줘」하고 말했다.)

4) Der Zollbeamte sagte mir, ob ich etwas zu verzollen habe.(세관 공무원이 나에게 「당신은 통관신고 할 것이 있습니까?」라고 말했다.)

5) Unser Lehrer sagte uns, er gehe nach Mannheim. (우리 선생님은 우리들에게 「나는 만하임으로 간다」라고 말씀하셨다.)

4 1) Wenn das Wetter schön wäre, würden wir spazierengehen (gingen wir spazieren의 형도 가능함. 이하 생략).(만일 날씨가 좋으면, 산책을 나가겠는데.)
   2) Wenn du mir nicht hülfest, könnte ich diese Arbeit nicht schreiben.(만일 네가 도와 주지 않는다면, 나는 이 논문을 쓰지 못할 텐데.)
   3) Wenn das Mädchen mich liebte, könnte ich mit ihr tanzen.(만일 그 처녀가 나를 사랑한다면, 나는 그녀와 춤출 수 있을 텐데.)
   4) Wenn ich schwimmen könnte, würde ich ins Schwimmbad gehen.(만일 내가 헤엄칠 수 있다면, 나는 수영장에 갈 텐데.)
   5) Wenn ich nicht krank wäre, könnte ich Fußball spielen.(만일 내가 아프지 않았으면, 나는 축구 경기를 할 수 있을 텐데.)

5 1) 날씨가 좋았으면 우리들은 이미 운동장에 있을 텐데.
   2) 만일 당신이 그 때 나한테 와 주지 않았었다면, 나는 이미 죽었을 것이다.
   3) 통지가 곧 와 주었으면 좋겠는데!
   4) 몇 가지 질문이 있는데요.
   5) 그 말을 한번 더 설명해 주시지 않겠습니까?
   6) 당신에게 질문하고 싶은데요.
   7) 로켓이 너무 빨리 날라가 버렸기 때문에, 로켓의 모습을 알아 볼 수 없었다.
   8) 혹시 그 노부인이 한번 더 올지도 모르겠다.
   9) 만일 내가 그 당시 부자였다면, 나는 나의 아내와 결혼하지 않았을 것이다.
   10) 그 예언자는, 큰 지진이 머지않아 일어날 것이라고 말했다.

불규칙동사변화표

불규칙동사변화표

부 정 사	과 거 형	과 거 분 사	직설법현재	접속법 II
befehlen 명령하다	befahl	befohlen	ich befehle du befiehlst er befiehlt	beföhle (befähle)
beginnen 시작하다	begann	begonnen		begänne (begönne)
beißen 깨물다	biß	gebissen	du beißt	bisse
biegen 구부리다	bog [o:]	gebogen [o:]		böge
bieten 제공하다	bot [o:]	geboten [o:]		böte
binden 매다	band	gebunden		bände
bitten 부탁하다	bat [a:]	gebeten [e:]		bäte
blasen [a:] 불다	blies	geblasen [a:]	ich blase du bläst er bläst	bliese
bleiben 머무르다	blieb	geblieben		bliebe
brechen 깨트리다	brach [a:]	gebrochen	ich breche du brichst er bricht	bräche
brennen 타다	brannte	gebrannt		brennte
bringen 가져오다	brachte	gebracht		brächte
denken 생각하다	dachte	gedacht		dächte
dringen 돌진하다	drang	gedrungen		dränge

부정사	과거형	과거분사	직설법현재	접속법 II
dürfen ~해도 좋다	durfte	dürfen (gedurft)	ich darf du darfst er darf	dürfte
empfehlen 추천하다	empfahl	empfohlen	ich empfehle du empfiehlst er empfiehlt	empföhle (empfähle)
erschrecken 놀라다	erschrak (a:)	erschrocken	ich erschrecke du erschrickst er erschrickt	erschräke
essen 먹다	aß (a:)	gegessen	ich esse du ißt er ißt	äße
fahren 타고 가다	fuhr	gefahren	ich fahre du fährst er fährt	führe
fallen 떨어지다	fiel	gefallen	ich falle du fällst er fällt	fiele
fangen 잡다	fing	gefangen	ich fange du fängst er fängt	finge
finden 발견하다	fand	gefunden		fände
fliegen 날아가다	flog (o:)	geflogen (o:)		flöge
fliehen 달아나다	floh	geflohen		flöhe
fließen 흐르다	floß	geflossen	du fließt	flösse
fressen (짐승이)먹다	fraß (a:)	gefressen	ich fresse du frißt er frißt	fräße
frieren 얼다	fror (o:)	gefroren (o:)		fröre
geben (e:) 주다	gab (a:)	gegeben (e:)	ich gebe du gibst er gibt	gäbe
gehen 걸어가다	ging	gegangen		ginge

부정사	과거형	과거분사	직설법현재	접속법 II
gelingen 성공하다	(es) gelang	gelungen	es gelingt	es gelänge
gelten 가치가 있다	galt	gegolten	ich gelte du giltst er gilt	gälte (gölte)
genießen 향유하다	genoß	genossen	du genießt	genösse
geschehen 발생하다	(es) geschah	geschehen	es geschieht	es geschähe
gewinnen 이기다	gewann	gewonnen		gewänne (gewönne)
gleichen 동일하게 하다	glich	geglichen		gliche
gleiten 미끄러지다	glitt	geglitten		glitte
graben [a:] 묻다	grub [u:]	gegraben [a:]	ich grabe du gräbst er gräbt	grübe
greifen 잡다	griff	gegriffen		griffe
haben [a:] 갖다	hatte	gehabt [a:]	ich habe du hast er hat	hätte
halten 멈추다	hielt	gehalten	ich halte du hältst er hält	hielte
hängen 걸려 있다	hing	gehangen		hinge
heben [e:] 올리다	hob [o:]	gehoben [o:]		höbe
heißen ~라고 부르다	hieß	geheißen	du heißt	hieße
helfen 돕다	half	geholfen	ich helfe du hilfst er hilft	hülfe (hälfe)

부 정 사	과 거 형	과 거 분 사	직설법현재	접속법 II
kennen 알다	kannte	gekannt		kennte
klingen 울리다	klang	geklungen		klänge
kommen 오다	kam [a:]	gekommen		käme
können 할 수 있다	konnte	können (gekonnt)	ich kann du kannst er kann	könnte
kriechen 기다	kroch	gekrochen		kröche
laden [a:] 싣다	lud [u:]	geladen [a:]	ich lade du lädst er lädt	lüde
lassen ～하게 하다	ließ	gelassen	ich lasse du läßt er läßt	ließe
laufen 달리다	lief	gelaufen	ich laufe du läufst er läuft	liefe
leiden 시달리다	litt	gelitten		litte
leihen 빌려 주다	lieh	geliehen		liehe
lesen [e:] 읽다	las [a:]	gelesen [e:]	ich lese du liest er liest	läse
liegen 놓여 있다	lag [a:]	gelegen [e:]		läge
lügen [y:] 거짓말하다	log [o:]	gelogen [o:]		löge
messen 재다	maß [a:]	gemessen	ich messe du mißt er mißt	mäße
mögen [ø:] 좋아하다	mochte	mögen [ø:] (gemocht)	ich mag du magst er mag	möchte

부정사	과거형	과거분사	직설법현재	접속법 II
müssen ~해야 한다	mußte	müssen (gemußt)	ich muß du mußt er muß	müßte
nehmen 잡다	nahm	genommen	ich nehme du nimmst er nimmt	nähme
nennen ~라고 부르다	nannte	genannt		nennte
pfeifen 휘파람을 불다	piff	gepfiffen		pfiffe
preisen 칭찬하다	pries	gepriesen	du preist	priese
raten (a:) 조언하다	riet	geraten (a:)	ich rate du rätst er rät	riete
reiben 문지르다	rieb	gerieben		riebe
reißen 찢다	riß	gerissen	du reißt	risse
reiten 말을 타다	ritt	geritten		ritte
rennen 달리다	rannte	gerannt		rennte
riechen 냄새맡다	roch	gerochen		röche
rufen (u:) 부르다	rief	gerufen (u:)		riefe
schaffen 창조하다	schuf (u:)	geschaffen		schüfe
scheiden 헤어지다	schied	geschieden		schiede
scheinen 빛나다	schien	geschienen		schiene

부정사	과거형	과거분사	직설법현재	접속법 II
schelten 꾸짖다	schalt	gescholten	ich schelte du schiltst er schilt	schölte
schieben 밀다	schob (o:)	geschoben (o:)		schöbe
schießen 쏘다	schoß	geschossen	du schießt	schösse
schlafen (a:) 자다	schlief	geschlafen (a:)	ich schlafe du schläfst er schläft	schliefe
schlagen (a:) 때리다	schlug (u:)	geschlagen (a:)	ich schlage du schlägst er schlägt	schlüge
schließen 잠그다	schloß	geschlossen	du schließt	schlösse
schneiden 자르다	schnitt	geschnitten		schnitte
schreiben 쓰다	schrieb	geschrieben		schriebe
schreien 외치다	schrie	geschrie[e]n		schriee
schreiten 걷다	schritt	geschritten		schritte
schweigen 침묵하다	schwieg	geschwiegen		schwiege
schwimmen 수영하다	schwamm	geschwommen		schwömme (schwämme)
sehen 보다	sah	gesehen	ich sehe du siehst er sieht	sähe
sein ~이다	war (a:)	gewesen (e:)	직설법현재 접속법 I ich bin sei wäre du bist sei[e]st er ist sei wir sind seien ihr seid seiet sie sind seien	

부정사	과거형	과거분사	직설법현재	접속법 II
senden 보내다	sandte (sendete)	gesandt (gesendet)		sendete
singen 노래하다	sang	gesungen		sänge
sinken 가라앉다	sank	gesunken		sänke
sitzen 앉다	saß [a:]	gesessen	du sitzt	säße
sollen ~해야 한다	sollte	sollen (gesollt)	ich soll du sollst er soll	sollte
sprechen 말하다	sprach [a:]	gesprochen	ich spreche du sprichst er spricht	spräche
springen 뛰어오르다	sprang	gesprungen		spränge
stechen 찌르다	stach [a:]	gestochen	ich steche du stichst er sticht	stäche
stehen 서 있다	stand	gestanden		stünde (stände)
stehlen 훔치다	stahl	gestohlen	ich stehle du stiehlst er stiehlt	stähle (stöhle)
steigen 오르다	stieg	gestiegen		stiege
sterben 죽다	starb	gestorben	ich sterbe du stirbst er stirbt	stürbe
stoßen [o:] 찌르다	stieß	gestoßen [o:]	ich stoße du stößt er stößt	stießt
streichen 쓰다듬다	strich	gestrichen		striche
streiten 다투다	stritt	gestritten		stritte

부정사	과거형	과거분사	직설법현재	접속법 II
tragen [a:] 나르다	trug [u:]	getragen [a:]	ich trage du trägst er trägt	trüge
treffen 만나다	traf [a:]	getroffen	ich treffe du triffst er trifft	träfe
treiben 몰다	trieb	getrieben		triebe
treten [e:] 걷다	trat [a:]	getreten [e:]	ich trete du trittst er tritt	träte
trinken 마시다	trank	getrunken		tränke
tun [u:] ~하다	tat [a:]	getan [a:]		täte
verderben 파괴하다	verdarb	verdorben	ich verderbe du verdirbst er verdirbt	verdürbe
vergessen 잊다	vergaß [a:]	vergessen	ich vergesse du vergißt er vergißt	vergäße
verlieren 잃다	verlor [o:]	verloren [o:]		verlöre
vermeiden 피하다	vermied	vermieden		vermiede
verschwinden 사라지다	verschwand	verschwunden		verschwände
verzeihen 용서하다	verzieh	verziehen		verziehe
wachsen 자라다	wuchs [u:]	gewachsen	ich wachse du wächst er wächst	wüchse
waschen 씻다	wusch [u:]	gewaschen	ich wasche du wäschst er wäscht	wüsche
wenden 돌리다	wandte wendete	gewandt gewendet		wendete

부정사	과거형	과거분사	직설법현재	접속법 II
werden [e:] ~이 되다	wurde	geworden (수동:worden)	ich werde du wirst er wird	würde
werfen 던지다	warf	geworfen	ich werfe du wirfst er wirft	würfe
wiegen (무게를)달다	wog [o:]	gewogen [o:]		wöge
wissen 알다	wußte	gewußt	ich weiß du weißt er weiß	wüßte
wollen ~하고 싶다	wollte	wollen (gewollt)	ich will du willst er will	wollte
ziehen 끌다	zog [o:]	gezogen [o:]		zöge
zwingen 강요하다	zwang	gezwungen		zwänge

지은이 Zaima Susumu(在間 進)
1969년 도쿄외국어대학교 대학원 독일어학과 박사과정 수료
도쿄외국어대학교 교수
저서 『ドイツ語チェックブック』

지은이 Nakamura Tetsuo(中村哲夫)
1969년 도쿄외국어대학교 독일어과 졸업
1970년 독일 슈투트가르트대학교 유학
1978년 릿쿄대학교 대학원 독일어학과 박사과정 수료
오이타의과대학 교수
저서 『ことだまの万華鏡』

옮긴이 지 정
1952년 와세다대학교 독문과 졸업
前 가톨릭대 의과대학 교수
저서 교육부 검인정교과서-1990년도(동아출판사)

독학 쉬운 독일어

개정판발행	2006년 8월 15일
개정판 10쇄	2019년 3월 18일

저자	Zaima Susumu, Nakamura Tetsuo
책임 편집	장은혜, 김효은, 양승주
펴낸이	엄태상
콘텐츠 제작	김선웅, 최재웅
마케팅	이승욱, 오원택, 전한나, 왕성석
온라인 마케팅	김마선, 김제이, 유근혜
경영기획	마정인, 조성근, 박현숙, 김예원, 전태준, 오희연
물류	유종선, 정종진, 고영두, 최진희, 윤덕현

펴낸곳	랭기지플러스
주소	서울시 종로구 자하문로 300 시사빌딩
주문 및 교재 문의	1588-1582
팩스	(02)3671-0500
홈페이지	www.sisabooks.com
이메일	book_etc@sisadream.com
등록일자	2000년 8월 17일
등록번호	1-2718호

ISBN 978-89-5518-272-9 13750

* 이 책의 내용을 사전 허가 없이 전재하거나 복제할 경우 법적인 제재를 받게 됨을 알려 드립니다.
* 잘못된 책은 구입하신 서점에서 교환해 드립니다.
* 정가는 표지에 표시되어 있습니다.

©1987, 在間 進·村哲夫, (株)白水社